看見

張隆盛——著

WILD-LIFE
IN
INDIA

野性印度

推薦序

印度是一個熟悉的名字，但之前我只知道她是南亞大陸的
第一大國，人口超過 12 億，近年來經濟發展很快。聖雄
甘地建立的世界第一大民主國家，但有種姓制度、貧富不
均。她是佛祖的家鄉，玄奘在唐朝時曾前往取經，那時印
度稱為「天竺」，也稱「西天」，西遊記帶給我很多的想
像，猴子在印度很受保護，有名叫「哈努曼」的猴神，神
通廣大，聽說是印度的孫悟空，我也聽過世界著名建築
──泰姬瑪哈陵墓，但多年來沒有機緣前往。

直到 2014 年，本書作者張隆盛先生送我他的大作──《王
者流風：淺談獅子文化與藝術》，裡面敘述獅子文化的緣
起與流布，並以印度佛教的象徵──獅子為起點，流傳到
中國及其他各地，融入各該地區藝術風格，而有各種造型
變化，引人入勝，也引起我前往印度旅行的興趣。

於是在 2015 年元月前往印度一探究竟。除了探訪著名的
印度金三角外，還前往名列世界遺產的蓋奧拉迪歐國家公
園，這是印度著名的賞鳥聖地，除了鳥類，還有大藍羚、
水鹿、梅花鹿、野豬等野生動物，都不怕人。作者前後到
印度 20 多次，足跡幾乎涵蓋整個印度，除了遊歷著名的
時代古建築外，還去了很多國家公園。他說很多人不知
道，印度有很多野生動物，幾乎隨處可見，我大為驚訝，
我以為人多了，野生動物一定會少。他說印度野生動物
多，是因為大多數人吃素，印度教很多神祇都有動物作為
座騎，所以某種程度上，這些動物代表了各該神祇。印度
得天獨厚，有很多特有生物，例如：亞洲獅、孟加拉虎、
亞洲犀、花豹、羚羊、梅花鹿、孔雀等等，他說在鄉村街
道甚至可以看到孔雀在覓食，梅花鹿、羚羊在田野或林裡

走動等等。他將親自造訪許多國家公園及保護區所拍到的珍貴照片，撰寫這本《看見野性印度》請我寫推薦序，希望讓更多人看到印度的野生動物。

本書作者成大建築系、美國賓夕凡尼亞大學都市區域計畫研究所都市計畫畢業，學成後在公務機構服務長達三十多年，於行政院環保署長任內退休，他曾經擔任內政部營建司司長、營建署署長，在我擔任內政部長時，他擔任常務次長，襄助我處理政務，並推動國家公園的設立，因此，對自然保育頗有心得。以此他對印度野生動物的考察深入而適切，值得推薦。

許水德

自序

由於喜歡旅行，退休後在內子的支持下，到處遊玩，行跡
包括五大洲及南北極若干地方。印度是近幾年密集造訪的
國家，前後 22 次，作為非商務，非專業的普通旅人，能
一再前往，幾乎走遍印度重要景點，現在想起來，連自己
都難以相信！

第一次到印度是 2002 年的事了，那趟主要目的是看泰姬
瑪哈陵 (Taj Mahal)，它是我當建築系學生時就嚮往看到
的名建築物之一。到了阿格拉，站在這座白色莊嚴、精緻、
潔淨的大理石建築前，感到震撼之外，還被沙加汗與泰姬
之間的淒美故事所感動。之後也參觀齋浦爾、德里、瓦拉
那西以及鹿野苑等。當時印度的交通狀況很差，航站、車
站擁擠不堪，窮人很多，環境髒亂。既然想看的都看過了，
所以很長一段時間沒有再訪印度的念頭。

直到 2009 年，好友詹德淡醫師告訴我，「富都旅行
社」有一個印度行程，可參觀阿姜塔 (Ajanta) 及艾羅拉
(Ellora) 等石窟。我在那之前，已經參訪過中國的敦煌、
雲崗、龍門、大足等著名石窟，所以動心想看看這些石窟
的源頭。於是邀同好友林益厚先生參加「印度瑰寶之旅」，
由蔣得之小姐親自帶團，印度方面由蘇明先生解說，蘇明
是印度人，精通華語，學識淵博，是專業嚮導。

那趟除了參觀石窟外，還參觀桑奇大塔，最後到了拉賈
斯坦。在塔爾砂漠一帶，看到了藍羚、黑頸羚、印度瞪
羚等野生動物。令我驚奇的是：那些野生動物居然很容
易看到。在鄉村道路上，孔雀像火雞一樣覓食，旁若無
人；參觀了一座特別的老鼠廟；馬路上，白衣牧人帶領

大群駱駝、驢子、牛、羊，昂然闊步，迤邐而行；婦女穿著艷麗，頭頂柴火或水壺，緩步走過。這趟旅行，讓我對印度有了新的認知。

從此，在短短六年間，除了看古蹟外，還特別到許多印度的國家公園及野生動物保護區，看到的野生動物種類、數量之多，出乎我意料之外。

印度野生動物很多，原因之一是她有各種地形及氣候條件，造就出多樣的棲地。另一是宗教因素，佛教與耆那教倡導不殺生，印度教有千萬個神祇，每個神都有特定的動物作為坐騎或代表，甚至有認為某種動物是先人轉世，所以大多數的印度人不打獵、吃素，容忍野生動物在田園裡進出自如（傷人的老虎、花豹、大象除外），這種人與（野生）動物間相安無事的微妙關係，在人口眾多的印度，卻能隨處看到野生動物，是其他國家所沒有的。

這本「看見野性印度」是我參訪 20 多處國家公園及保護區的紀錄，書中章節以各該指標性動物或生態系為題，旁及相關動物或事物。由於個人所學有限，走馬看花式的遊獵，因此沒有涉及太多的植物、昆蟲及魚類，所以這是一本「看見」的書，貿然出書，動機是想讓讀者知道，印度在自然方面是大有看頭，尤其是動物與人的關係，值得我們深加體會並珍惜的。

張隆盛

目次

1

概說
Introduction

有問：到什麼地方看野生動物比較好？
這要依個人興趣與目的。要看動物大遷
徙，肯亞、坦尚尼亞是首選；要看北極
熊，則要到北極區。要看企鵝，企鵝的
種類有 17 種，分布在整個南半球，特
別是南極地區。但要看齊全，得跑遍很
多國家及地區，而且大部分的企鵝還須
搭探險船，加上好運氣，才看得到。

台灣的野生動物中，鳥類很多，比較容
易看到，但很難看到大型野生動物。高
山地區雖有少數黑熊、水鹿、山羌、野
豬之類，墾丁有野生梅花鹿，但都非常
怕人，要近距離觀賞，也不是那麼容易，
不過高雄壽山自然公園裡的獼猴很多。

很少人知道，印度有很多地方可以看
到野生動物，往往在同一地方，可同
時看到很多種動物。近年來我造訪印
度 22 次，參觀過許多具代表性的國家
公園或保護區。印度、這個人口稠密
的國家，卻有那麼多的野生動物，真
令人難以置信。

到印度看野生動物

印度，一般給人的印象，除了人口眾多（12
億人口，僅次於中國）外，種族多、貧窮、
髒亂、種姓制度等，讓很多人卻步。其實
印度擁有大山大水，悠久歷史與燦爛文化、
多采多姿的生活方式，還有宏偉漂亮的建
築古蹟，泰姬瑪哈陵就是大家耳熟能詳、
世界著名的建築瑰寶之一。

印度泰姬瑪哈陵是大家耳熟能詳、世界著名的
建築瑰寶之一。

1	3
2	

〔1〕印度是佛教發
　　源地，阿姜塔
　　石窟有精彩的
　　佛教壁畫。

〔2〕桑奇佛塔。

〔3〕鹿野苑是釋迦
　　牟尼第一次弘
　　法的地方。

印度是佛教發源地，佛教文化影響東亞及南亞，現存許多
世界級的文化遺產，例如：阿姜塔及埃羅拉石窟、桑奇佛塔、
菩提伽耶、鹿野苑等。她也是印度教、耆那教、錫克教興
盛地區。回教傳入印度超過一千年。這些宗教交融，在歷
史長河中，各有建樹，也有衝突，交互影響，甚至融合。

此外，在印度南部及東北部，存有原住民部落，飲食、習
慣各有不同，各有特色，差異很大，這種現象在世界其他
地區是罕見的。

菩提伽耶是釋迦牟尼的
悟道成佛的地方。

獨特的生態環境

印度的地理方面，原來是從岡瓦那（Gondwana）大陸塊分離出來，與歐亞陸塊碰撞擠出喜馬拉雅山脈，形成印度北方的屏障。東側是孟加拉灣，南邊是印度洋，西邊臨阿拉伯海，沿海有各類型的海岸與溼地。

印度境內有印度河（Indus River）、恆河（Ganga River）及布拉瑪普特拉河（Brahmaputra River）等大河，形成肥沃的河谷平原，為人口密集的地區。印度西北部有塔爾沙漠及大小鹽鹼地，是獨特的地形，生態特殊。南部是德干高原，森林覆蓋，高原西邊是著名的西高止山脈（Western Ghats），是古印度陸塊的一部分，有很多原生種的動物，現在又是香料的主要產地。因此，印度地形多樣，氣候從熱帶到寒帶，從多雨潮濕到乾旱不毛，孕育出不同的生態環境。

悠久的歷史文化

印度歷史悠久，是四大文明古國之一，五千年前在印度河中下游發展的印度河文化已有高度發展的城市文明。雅利安人從中亞在西元前2000年前陸續侵入南亞次大陸，建立恆河文化（吠陀文化），從此繼續繁衍，並發展婆羅門教，建立種姓制度。西元前6世紀，耆那教與佛教興起。西元前3世紀，孔雀王朝阿育王統一全國，信奉佛教，佛教昌盛，直到西元12世紀，被入侵的回教摧毀，印度教接續成為今日印度主要的宗教，信仰人口占全印度的70%以上。

佛教於西元1世紀（約中國東漢末年以後），逐漸傳入中國，著名的僧人：法顯、玄奘，分別於5世紀、7世紀前往印度求法，印度文化與技術也隨之傳到中國及其他地區，影響深遠。

西元前6世紀耆那教與佛教興起。圖為耆那教聖者雕像。

人與動物：和諧、共生、互不相擾

印度由於人口大量增加，長久以來壓縮大自然的空間，這也是世界各國共同的問題，但印度人與動物間的關係，基本上是一種和諧、互不相擾、共生的狀態，是出自宗教信仰、哲學思想以及生活習慣所交織形成的。因此，印度的生態保育與現代西方國家的觀念不同，後者是 20 世紀中，才發展出來的認知，而前者早已形成 2000 年以上了！影響深遠。

宗教信仰與動物

宗教方面，耆那教與佛教都主張不殺生，耆那教徒甚至不從事農耕，因為避免殘害生靈。佛祖主張眾生平等，告誡信徒不殺生。西元前 3 世紀，孔雀王朝阿育王信奉佛教後，諭令全國人民不得殺生。法顯於西元 5 世紀正值印度笈多王朝時期，前往印度求法時看到：「舉國人民悉不殺生，不飲酒不食蔥蒜，唯除旃荼羅…國中不養豬雞、不賣生口，市無屠店及沽酒者…」他提到的「旃荼羅」是印度的賤民。

印度教也強調不殺生，這三個主要宗教共同有「輪迴」的宇宙觀，認為人可能轉世成為動物，動物也可能變成人。佛祖本生曾經是猴王、象王；印度教的大神毗濕奴有許多化身，其中有魚、龜、豬、獅子及馬，都具備絕大的神力。印度教據說有三億個神，各地民間膜拜的神也有不同，普遍認為每一個神都有特定的坐騎，或動物代表。例如：破壞神濕婆的坐騎是瘤牛，叫「難第」，有濕婆的神像必定有難第在座下，難第甚至單獨被作為崇拜的對象。老鼠是象神「甘乃許」的坐騎，象神是財神，印度之外有很多地方也崇拜，老鼠的地位也很高。這些動物傳奇將在本書後面敍述，是印度動物觀的獨特面。動物（包括鳥類、爬蟲類）普遍受到保護，或至少不被刻意殺害，或者相安無事，這在流行殺野生動物食補的華人眼中，簡直不可思議。

一般人用手掰麵餅或抓米飯沾著咖哩食用（右），用樹葉當盤子，簡單又環保（左）。

飲食習慣與動物

印度人的飲食習慣也有助於生態保護，很多印度人是素食。耆那教信徒是嚴格的素食主義者，連根莖類都不吃。印度教徒也大部分吃素。佛教歷來也主張素食，現在大乘佛教（藏傳除外）的僧侶吃素，帶動許多佛教徒也吃素。印度回教徒也有少數吃素，多數葷食，但絕對不吃豬肉，也不吃帶血的肉，所以很少行獵，與印度教徒混居的地方，連牛肉也不吃。

印度人吃素除了是宗教因素之外，也跟氣候條件有關。印度大部分地區非常炎熱，肉類容易腐敗，不易保存，取得也相對昂貴。素食可以就地取材。印度人相信天然的植物、香料、蔬果對身體健康有益，所以印度咖哩主要是用豆類、根莖類加上薑黃等香料作成，有很多不同配方。一般人用手掰麵餅或抓米飯沾著咖哩食用，用樹葉當盤子，既簡單又環保，當然在現代中產階級以上的人家有許多已改用刀叉、盤碗了。

印度還有一部分人葷食，沿海及孟加拉地區吃魚蝦。印度的密教信奉伽利女神，祂嗜血，所以信徒獻祭羊，在某些慶典殺的羊往往超過千頭以上，血流成渠，非常恐怖，當然信徒吃肉。

印度賤民與許多偏壤的原住民也吃肉。印度東部靠近緬甸一帶的山區住民什麼都吃。在那加蘭邦還捕食各種鳥類，據說那裡幾乎看不到鳥，也聽不到鳥鳴。所以印度是多元而複雜的社會。

狩獵行為與國家公園的設置

印度既然多數人吃素，野生動物是否住在天堂裡？
其實如前所述，有一部分地區的原住民仍過著漁獵
生活。16世紀蒙兀兒王朝帶進行獵的習慣，阿克巴
大帝喜歡打獵，尤其是獵殺獅子、老虎、花豹之類，
有關他的細密畫常有他的行獵圖，他到老年改吃素。

英國殖民時期，英國官員最喜歡打老虎、犀牛等，
各地土邦大君，除了陪英國貴賓打獵外，自己也喜
歡打獵，這些獵物包括大象（尤其有漂亮長牙的大
象）、鹿科、羚羊等，還熱衷獵殺水禽。獵獲物作
為戰利品之外，當然吃掉了。現在印度王宮旅館內
還可看到老虎與花豹標本。多年行獵加上後來的盜
獵，到了20世紀初，若干物種如亞洲獅及孟加拉虎
已瀕臨滅絕，才開始著手在部分地區禁獵，其後受
到歐美保育觀念的影響，陸續設置國家公園及各類
型的保護區，強化了印度生態保育的力道。

印度於1936年開始設置第一座國家公園──「吉姆・
科比特國家公園（Jim Corbett National Park）」。
1972年頒布「野生動物保護法（Wide-life Protection
Act）」，迄今共有95處國家公園，超過500處野
生動物保護區，有7處世界自然遺產。中央主管機關
為環境森林暨氣候變遷部（Ministry of Environment,
Forest and Climate Change）。本書所列參訪具代
表性之國家公園及保護區將於各章分別敘述。

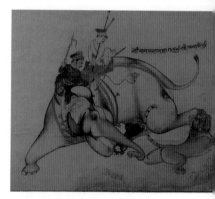

阿克巴大帝行獵細密
畫，藏於新德里印度國
立博物館。

藏於巴特那博物館（Patna Museum）老虎標本。

殖民時期，英國官員最喜歡打獵（左），印度王宮旅館內還可看到老虎與花豹標本（右）。

19

2

看見老虎
Tiger! Tiger!

老虎是亞洲特有種，非洲有獅子，沒有老虎，而印度有老虎也有獅子，所以到印度可以看到這兩種最兇猛的貓科動物。

老虎有好幾種亞種，體型最大的是東北虎，又稱西伯利亞虎，在中國境內數量稀少，俄國西伯利亞還有一些，已瀕臨滅絕。中國原有華南虎，現在已滅絕了。泰緬山區以及蘇門答臘還有一些老虎，但被嚴重盜獵，所剩無幾，一般要在野外看見幾乎不可能。

印度的老虎全名叫「皇家孟加拉虎（Royal Bengal Tiger）」。到印度看老虎雖不容易，但比起其他地方，機會大得多，這要歸功於印度於 1973 年推動的「老虎計畫（Project Tiger）」。

資料來源：NATIONAL TIGER CONSERVATION AUTHORITY /
PROJECT TIGER

老虎計畫是甘地夫人（Indira Gandhi，1917~1984）
擔任總理時，一手策劃推動的。她有感於印度孟加拉虎
數量大減（全印度只剩 1,827 頭），乃下令劃設老虎保
護區（Tiger Reserves），最初設置 9 處，迄 2014 年增
加至 50 處，總面積約 71,027 平方公里，約臺灣總面積
的 1.5 倍。

目前老虎總數估計約 1,706 頭，勉強維持設置初期的數
量，這是因為盜獵嚴重，若干保護區的管理存在嚴重缺失
所致。

華人對老虎製品需求龐大是盜獵猖獗的主因。2013
年國際瀕危物種貿易公約組織（Convention on
International Trade in Endangered Species）在泰國
曼谷舉行的會議中，提出一項驚人數據，從 2000 年以來
平均每年超過 100 件老虎盜獵事件，大部分在印度。同
（2013）年一月，尼泊爾政府查獲 7 件虎皮、53 公斤虎骨、
140 顆虎牙，相當於 35 隻老虎，數量驚人。另外的問題
是棲地縮減，人與動物衝突逐漸頻繁，動物方落敗，是必
然的結果。

國家老虎保護局負責實施「老虎計畫」。

老虎傳奇

中國早期有很多老虎，老虎兇猛，令人害怕，獵殺老虎是英雄行徑。「武松打虎」是耳熟能詳的故事，武松趁著酒意，赤手空拳打死老虎，依現代觀點那是不可能的事，除非那隻老虎早已奄奄一息或是小老虎，我認為牠是最倒楣的老虎。

你可知道有一隻可能成仙的老虎嗎？佛祖本生故事中，有一則「薩埵那太子捨身餵虎」的傳說。薩埵那太子是佛祖的本生之一，有一天，他到郊外看到一隻母老虎帶著幾隻幼虎，久未吃東西，餓得快死了，太子看見於心不忍，於是捨身餵虎，太子死了，老虎活了。故事沒提到老虎後續情形，但我猜想牠一定成仙了，因為西遊記中，蜘蛛精想吃唐三藏的肉，說是可以長生不老，何況老虎吃的可是佛祖的肉呢！

這兩年中國大陸盛行「打老虎」，打的是貪官汙吏。孔子在 2500 年前曾預言「苛政猛於虎」，可見老虎雖兇猛，還是有比牠更兇猛的！

總之，老虎在亞洲各地都有傳奇故事，在印度，老虎是「國獸」、帕瓦蒂（Parvati）女神的坐騎，祂是濕婆神的老婆，象徵愛情、豐饒、忠誠的女神，廣受信徒崇拜。

看老虎 憑運氣

老虎全身斑斕，行動敏捷，喜愛隱密，躲在樹林草叢之間，很難被發現，所以即使在老虎保護區裡要看到老虎，得靠運氣，加上天時（旱季）、地利（老虎較多）、人和（好的嚮導）等，缺一不可。

雨季到處有水，草木茂盛，不容易
看到。旱季時老虎會到水塘喝水，
在水塘邊看到的機會大。老虎是獨
居大貓，牠的活動範圍往往是上千
公頃，保護區面積遼闊，能通達的
部分極少，有時聽到猴子或斑鹿的
警告聲，察覺到老虎在附近，就是
看不到。有些保護區號稱有若干老
虎，但由於缺乏科學性調查，數據
不可靠。好的嚮導知道老虎常出沒
的地方，有較敏銳的眼力，在他們
帶領下，看到老虎的機會才會大增，
即便如此，運氣還是最重要。

我曾參訪過許多老虎保護區，只看
到腳印，或樹幹上的抓痕，到印度
看野生動物，沒看到老虎，很令人
懊惱。於是下決心於 2014 年 5 月，
再度前往印度，造訪著名的吉姆・
科比特國家公園（Jim Corbett
National Park）及甘哈國家公園
（Kanha National Park），都是
老虎保護區，目標——老虎。行前
內子開玩笑說：看不到不要緊，到
動物園還是可以看到！

吉姆 ‧ 科比特（Jim Corbett）國家公園是印度最著名的老虎保護區之一，在英國殖民時期 1936 年設置，是印度第一座國家公園，原名是「Hailey 國家公園」，Hailey 是當時印度聯合省總督。印度獨立後，於 1957 年改名吉姆 ‧ 科比特國家公園。

吉姆 ‧ 科比特（1875~1955）是英國人，曾任英國陸軍上校，是著名的獵人。當時印度北方邦 Kumoan 地區有虎害，他應邀前往除害，1909 到 1938 年間前後射殺 33 隻殺人的老虎及花豹，這些殺手共殺害 1,200 人以上。他所獵殺的老虎及花豹必須有殺人的確證，他發現這些淪為吃人的殺手都是受過傷或年老無法獵食斑鹿、野豬等傳統獵物。於是，他致力於宣導野生動物的保育，促成吉姆 ‧ 科比特國家公園的設置，他寫了好幾本書，其中「Man-Eaters of Kumaon」一書，曾被翻譯成 27 個版本，Kumaon 是這座保護區所在地，政府改以他的名字命名，以表彰他的貢獻。

吉姆 ‧ 科比特保護區面積 1,318 平方公里，核心區約 500 平方公里是國家公園的部分，其餘為緩衝區。地理上屬於亞喜馬拉雅山南麓季風林帶，海拔 350 到 1,040 公尺，區內森林茂密，有一座大水庫（Ramganga），水量豐富，水庫旁有大片草地，風景非常優美。

吉姆・科比特尋找老虎

從德里往東北驅車約 4 小時,抵達吉姆・科比特國家公園,沿路鳳凰木盛開。進了大門辦理入園手續及繳費,有一座吉姆・科比特銅像,附近有一座展示館,展示 3 隻老虎標本,狀況不佳,但保護區的標誌(Logo)簡捷有創意,值得激賞。

坐上越野車,開始進入園區,首先看見一頭小公象在河谷裡遊蕩,之後陸續看到野豬及公斑鹿。突然,嚮導指示停車,他看到河谷對岸叢林中有一隻老虎,我們看了老半天,始終沒看到。等了一陣子,希望牠走出來亮亮相,但牠始終躲在樹叢裡,只好用相機拍下大致位置,放大後終於看到了。牠靜靜地躺在樹枝及草叢裡,張著嘴喘氣,身子跟草樹叢混在一起,幾乎無法分辨,算是我在野外看到的第一隻老虎!

簡捷有創意的保護區標誌。

吉姆・科比特塑像。

陸續看到小公象（上）、野豬（左下）及公斑鹿（右下）。

國家公園內看到褐魚鴞、山羌、成群的斑鹿及亞洲象。（左至右、上至下）

繼續前行，一隻褐魚鴞（Brown Fish Owl）站在樹枝上，瞪大眼睛看著我們，牠跟台灣的黃魚鴞同屬亞洲魚鴞亞種，看來頗具威嚴。再往前行，陸續看到胡狼、山羌、成群的斑鹿。黃昏時抵達水庫旁的草地，一大群亞洲象在長草間覓食，隨後我們住進「Dhikala Rest House」。

看到了嗎？老虎靜靜躺在樹枝草叢裡。（左）

招待所設備簡單，周圍用鐵絲網圍起，防止老虎進入，招待所僅供素食，垃圾也必須自行帶出園區外，避免老虎等動物聞香而來，也不讓其他野生動物搶食垃圾廚餘，我覺得這是一流的管理。我們在這裡住了兩個晚上。

第二天清早，月亮還高掛天空，5 點 30 分開門，首先看到一頭大公象，長著兩隻大牙。有著漂亮大牙的公象是被盜獵的另一目標。印度政府除了老虎計畫外，另訂有「大象計畫（Project Elephant）」，設置保護區，建立大象遷徙廊道，特別保護有大牙的公象，避免喪失優良基因。保護區內有很多大象，我看到幾個族群，都有十幾頭以上。同時也有馴養的大象，供遊客騎坐觀賞老虎。保護區內遊客很多，車輛絡繹不絕，騎著大象的到處穿梭，同一個目的：尋找老虎。

長著二隻大牙的大公象。　　　　　　　騎大象、尋虎蹤。

不管是騎大象的遊客，還是坐吉普車
的，都是同一個目的——尋找老虎。

跳出一隻剛長大的幼虎。

嚮導帶我們到一處常出現老虎的地方,等候牠的出現。那是一條幽靜小路,一隻山羌探出頭來,與我們對看一陣子,然後竄入草叢裡。嚮導說若有老虎出現,其他動物早就逃之夭夭,所以我們轉移陣地,在一條經常可看到老虎的道路一端等候,對側也有一大堆車子及大象,突然,一隻剛長大的幼虎從右側跳出來,匆匆跑進左側草叢裡,前後 2 秒鐘,我們以為母老虎會隨著出現,可是等了許久,仍然未現身。

據說園區內有 160 隻老虎,此行看到 2 隻。其後半天,繼續在園區內尋找虎蹤,偶而聽到葉猴或斑鹿警告的叫聲,或在遠方長草區,嚮導看見了,我們卻看不到。總之,感覺老虎隨時可以看到,但卻緣慳一面。

老虎存在需要有足夠的獵物,形成複雜的生態體系,所以,老虎雖然是主要目標,但其他的動物、鳥類乃至植物、地理地形景觀,都值得參觀。

水庫旁聚集上百隻的公斑鹿。

吉姆・科比特的其他動物

老虎的主要獵物是斑鹿（Chital），園區內數量很多。水庫旁有一群約上百隻的公斑鹿，或躺或站在一起，都長著長長的鹿角，如此大量雄性鹿群聚集十分少見。斑鹿之外，有水鹿（Sambar）、豬鹿（Pig-deer）、山羌（Barking Deer）等等，在園區道路旁隨處可見。大象群徜徉草原叢林間，也常在道路上擋住我們的去向，牠們擁有路權，我們只好讓路。

吉姆・科比特的鳥況也令人驚嘆，除了褐魚鴞外，看到一隻在樹上築巢的白頸鸛（White-necked Stork）、一隻白兀鷲（Egyptian Vulture），一隻漂亮的玉帶海鵰（Pallas's Fish Eagle）雄踞在樹頂上。在草枝或樹枝上的綠蜂虎（Little Green Bee-eater）、紫頭鸚鵡（Plum Headed Parakeet）；還有一隻冠斑犀鳥（Oriental Pied Hornbill）

白頸鸛

吉姆・科比特令人驚嘆的鳥況。

白兀鷲

玉帶海鵰

綠蜂虎　　　　　　　　　紫頭鸚鵡

冠斑犀鳥　　　　　　　　斑鳥狗

一窩 5 隻幼胡狼，十分珍貴。

在樹枝間跳上跳下，是意外的驚喜。也看到一對斑鳥狗（Pied King-fisher）。我們前往水庫上游，水量不少，溪水清澈，幾位巡山員持槍過河，黃昏的夕陽宣告一整天的遊獵結束。

第三天繼續守候老虎的出現，還是沒等到。在附近繞了一圈，看到很多大象。拍到白胸翠鳥、孔雀等。行程結束前，蘇明說嚮導發現幼胡狼，我們趕了過去，5 隻幼胡狼在草叢的窩裡，看到我們也不害怕，照樣嬉戲，從窩裡跑出來，一下子又跑回去，非常活潑，我在其他地方看過胡狼，但一窩幼狼，還是第一次，也很珍貴。

中午回到招待所，水庫岸邊發現幾隻恆河鱷（Gharial），恆河鱷是專吃魚的鱷魚，也是意外的驚喜。飯後出園，那隻褐魚鴞還在原地，跟牠說 Bye-bye 囉！當天返回德里，展開另一場尋覓虎蹤行程。

水庫岸邊專門吃魚的恆河鱷。

甘哈國家公園面積 940 平方公里，是中印度最大的保護區。

甘哈國家公園（Kanha National Park）於 1955 年設置，1973 年列入老虎計畫。甘哈位於中央邦的西南方，面積 940 平方公里，加上緩衝區共 1,945 平方公里，是中印度最大的保護區。

我們從德里飛往英治時期中央邦的軍事重鎮——賈巴爾浦爾（Jabalpur），現在為印度中西部五個邦的軍事總部，有很多高級住宅，供軍事將領居住，我們抵達時，正值芒果上市，十分美味。

甘哈距賈巴爾浦爾約 100 公里，沿途是和緩的山區，路樹參天，有盛開鳳凰木，田畝不多。車行約兩個多小時，抵達甘哈園區外的 Tuli Tiger Resorts，是一所設備完善的旅館，寬敞舒適，旅館內懸掛地圖及進入甘哈的注意事項，我們在此住 3 個晚上。

甘哈園區外 Tuli Tiger Resorts。

進入甘哈國家公園只能搭乘吉普車出入，管制相當嚴格。

甘哈管制繁瑣嚴格

甘哈是印度十大熱門景點之一，遊客如織，絕大多數是印度人，園區內沒有旅館，住宿全部在區外，旅客只能搭乘吉普車出入。園區有 3 條路線，要事先申請，不得隨意變換，同時規定每部車都要派管理員隨行，途中除指定的休息區外，不准下車。當然還有不准抽菸、丟垃圾、不能大聲喧嘩等等，是我所造訪印度各類保護區中，管制繁瑣最嚴格的國家公園。

次日清晨 5 點，趕到大門等候開門，同時排隊的車輛超過 20 部以上，5 點半管理站接受報到，核對身分，並派隨車管理員。各車嚮導簇擁在窗口爭取先入園的時間。6 點開門，吉普車呼嘯衝入，然後在岔路分道揚鑣。大家之所以搶先，是因為清晨看到老虎的機會較大，而且能看到的地點狹窄，去晚了，可能看不到。

進園後，我們走南區路線，嚮導說這路線約有 6 隻老虎，
看到的機會很大，所以先吃了顆定心丸。入園後首先看到
幾隻印度金毛胡狼（Indian Golden Jackal），又稱喜
瑪拉雅胡狼，是南亞地區的特有種，旁邊有一群斑鹿，嚮
導說胡狼偶而在大斑鹿不注意時會捕食小鹿，但胡狼寧可
吃較小的獵物。

續往前走，沿路看到斑鹿、水鹿，孔雀開屏。隨後看到路
上老虎腳印，相當新鮮，應該是不久前才走過留下的。再
往前看到一群印度大褐牛（Gaur），是世界上最大型的
牛，體型壯碩，最大公牛體重可達 1,000 多公斤，牠的特
徵包括兩角間突出的額頭、背部隆起厚實、深褐色背肌、
四腳膝蓋以下白色，這是我第一次近距離看到。

看到斑鹿、印度金毛胡狼。

世界上最大型的牛——大褐牛。

與老虎首次相遇

行行復行行，來到一處水塘，布滿綠色的水藻，嚮導説老虎不喜歡這種水。再往前行，終於在一處薄霧籠罩的水塘邊，看到一頭喝水的成年公虎，牠大概很口渴，喝了一陣子水，偶而抬起頭來，看這邊屏著氣、霹霹啪啪拍照的我們。牠終於喝夠了，起身轉頭，走上山坡隱入樹林中，真是一場精采的演出。

兩小時後，我們繞了一圈再回到原處，在同一水塘，看到這隻老虎在水塘上方的樹蔭下休息，牠抬起頭，很威嚴地看著我們，過一會起身走下邊坡，到水塘喝了一口水，很快地又回到森林裡去了。

我們再繞行往其他水塘，分別看到斑鹿、水鹿及大褐牛，五月天是印度乾季，天氣炎熱，各種動物都需要補充水分，喝水時，斑鹿膽小，喝幾口水，抬起頭來警戒。野牛體型大，比較從容，只有孔雀到處開屏。黃昏時，在森林中在看到一隻躺著休息的老虎，我拍到一張牠轉過頭的照片，歸程的夕陽照得滿天彩。

樹蔭下休息的老虎。

水塘邊喝水的成年老虎。

喝水警戒的斑鹿（上）。休息中的老虎（下）。

甘哈的旱地沼鹿

第二天也是清早入園,走的是北區路線,這一帶林木扶疏,有一些大片草場,環境與南區有些不一樣。首先看到一群大褐牛,約有 30 隻,在路旁的樹林下悠閒地吃草,有一隻母牛正在哺乳。嚮導說看到這麼大群還有小牛喝奶,運氣很好。繼續前行,一對原雞(Red Jungle Fowl)在草地上覓食,公雞有著鮮豔的羽毛,高高的肉冠,非常漂亮,耳旁一片白色羽毛,十分醒目,牠應該是家養雞的祖先。再往前行,看到一棵樹幹上有老虎爪痕,可惜這一天沒看到老虎。

第二天走北區路線,到一群大褐牛、小牛喝奶、草地上覓食的原雞,樹幹上有老虎的爪痕(上至下)。

很遺憾了嗎！？別急，我們來到一
處很大的草場，看到一大群傳奇的
動物——旱地沼鹿（Barasingha，
或 Hard-ground Swamp
Deer），牠是沼鹿的亞種，習慣於
乾旱的草地棲息，牠有較硬的蹄，
鹿角有 10 至 14 個分叉。沼鹿在印
度很稀有，而旱地沼鹿只存活在甘
哈國家公園，原本只剩下數十隻，
現在大約有 300 至 350 隻，是甘哈
引以為傲的復育成功物種。旱地沼
鹿是中央邦的邦獸，能親眼看到一
大群，或行或臥，幾隻公鹿還在打
架，真是有幸！

再前行，一群哈奴曼葉猴
（Hanuman Langur）在嬉戲，這
種葉猴臉跟手足都是黑色，很受印
度人尊寵，許多地方都可以看到。
這裡有很多水鹿，有一隻剛長角的
小公鹿站在路旁，好奇地端詳著我
們；黃昏時，一群斑鹿由一隻大公
鹿帶領緩步走回林子裡；一隻大褐
牛高高地站在山崗上，看著遠方，
相當威風。

1	4
2	5
3	

〔1,2,3〕旱地沼鹿只存活在甘哈國家公園，是國家公園復育成功物種。

〔4〕 哈奴曼葉猴臉跟手足都是黑色。

〔5〕 剛長角的小公鹿好奇地端詳者我們。

51

第三天中山區看到林裡快速走動的「懶熊」。

看見老虎出巡

第三天，走中央區，遊客更多，排隊入園的車輛超過 40 輛，非常熱鬧。入園不久，Bingo！看到一隻「懶熊（Sloth Bear）」在林裡快速走動，看來很勤快，不知道為何說牠「懶」！？

懶熊分布於南亞次大陸，據國際自然保護聯盟（International Union for Conservation of Nature，簡稱 IUCN）估計，大約有 2 萬隻。懶熊體型較小，比較容易豢養，所以很多被抓去表演。印度政府頒布「懶熊福祉計畫（Sloth Bear Welfare Project）」，禁止捕捉豢養，能在遠處看到牠，是個確幸！

好運不只這椿，居然看到老虎出巡！一隻公虎左側身上有一處傷痕，猜想應該是打架受到的傷，而且應該是打了勝戰。因為二、三小時內，重複看到牠三次呢！

第二次叢林間走出的老虎。

第一次，牠從林子走出來，沿著草坡往右前行，走得很慢，走進樹林，消失不見。我們離開繞了一圈，看過其他動物及鳥類，再回到原處等候牠的出現，等了一陣子，不見牠的蹤影。於是再往前行，突然又看到牠了！牠走過我們的前面，往左前方走進草叢，再進入林子裡，一會兒又回頭走過道路，進入草叢。不久，牠又繞回來，跳過路旁的水溝，跨過道路，慢慢走進左邊的樹林裡，消失不見了。顯然牠在巡視牠的領域，真是一場精采的演出！

隨後我們到休息站停留一會，循原路出園，沒想到，在山丘上看到一隻躺著休息的老虎，仔細一看，是那隻帶傷的老虎。牠巡視過後，中午開始熱了，累了躺下休息，牠伸直雙腿，頭靠前腿，偶而睜開眼睛，抬起頭來，伸出舌頭，舔舔前腿，打打哈欠，然後闔眼入睡。我為自己慶幸，這樣結束三天的甘哈行。

三次出巡的老虎。

甘哈是座精彩的國家公園,除了老虎、懶熊、大褐牛及沼鹿外,據說還有花豹、印度豺犬(Dhole)等,可惜此行沒有看到。其實,鳥類也很多,我在落葉中,看到一隻覓食中的八色鶇(Indian Pita),屬於八色鳥的亞種;還看到棕胸佛法僧(Indian Roller)及兩種兀鷹:一隻白兀鷹(Scavenger Vulture)在腐土上覓食,另一種長喙兀鷹(Long-billed Vulture)高高在樹上好整以暇。另外還看到一隻蛇鵰(Crested Serpent Eagle),端立樹枝上,左顧右盼。很多孔雀,有一隻在水塘邊開屏,牠一面開屏,一面轉身,倒映在水中,對影成雙,另一側也有一隻在開屏,彼此較量,誰最後勝出,我們等不及看到了!

1	4	5
2	6	7
3	8	9

〔 1,2,3 〕 帶傷躺著休息的老虎。

〔 4 ～ 9 〕甘哈國家公園鳥類很多。

八色鶇

棕胸佛法僧

長喙兀鷹

蛇鵰

孔雀

3

看見亞洲獅
Sighting Asiatic Lions

提到獅子，大家一定想到非洲獅，其實印度也有獅子，屬於亞洲獅，是不同的亞種。

亞洲獅曾廣泛分布在北非、中東，一直到伊朗、阿富汗、巴基斯坦，到印度西北邊，但經過數千年的獵殺以及棲地大量縮減，目前僅剩 400 多隻，棲息於印度古吉拉特邦的撒桑吉爾（Sasan Gir）國家公園內，極為珍貴。

獅子長久以來,在西方被視為害獸,會危害人畜,所以當地首領會獵殺獅子,為民除害,以凸顯首領的英雄氣概。兩河流域的歷代君主也以獵獅為職責。英國大英博物館陳列亞述時期(西元前911~605年)亞述巴尼拔國王(Ashurpanipal,西元前668~631年)宮殿裡裝飾一系列獵獅浮雕,炫耀他的光榮事蹟。浮雕裡他以矛、箭、刀殺獅子,人獅比例與動作皆十分精準,是亞述時期最傑出的藝術作品。

這種獵獅傳統一直流傳到羅馬時期,羅馬人建造鬥獸場,起初是人跟人鬥,後來演變成人與獸鬥,死了角鬥士,野獸死得更是不計其數,其中大多數是獅子。西元前196年,執政官龐培(Pompei)舉辦的一次鬥獸,共殺害20隻大象、600隻獅子、410隻花豹,還有無數的猴子。如此經過前後二、三千年,獅子不是在野外被殺,就是抓來鬥獸被殺,幾乎滅絕。

羅馬鬥獸場,從人跟人鬥,演變成人與獸鬥(上)。

英國大英博物館陳列亞述巴尼拔國王宮殿裡獵獅浮雕(左)。

61

印度獵獅圖。

印度在蒙兀兒時期阿克巴大帝獵殺獅子。英國殖民時期，英國官員及印度土邦大君也都打獵，那時主要是獵老虎，也獵獅子。到了 1884 年，全世界僅剩一打左右。

當時土邦大君拉薩爾漢吉（Nawab Rasuk Hanji）獲總督賴明頓（Lamington）的許可，在1906 年設置獅子保護區，1965 年改設國家公園。

我第一次在 2011 年入園參觀時，已增至 411 頭，跟非洲獅相比，數量少得可憐。近親繁殖、加上棲地過小、獅滿為患，是今天面臨的問題。

中國有老虎，但沒有獅子，老虎在中國人的觀念裡始終是負面的，貪官汙吏被冠以老虎的頭銜。只有在軍事方面採用老虎的圖形，如虎帳（主帥的帳篷）或虎符、虎旗等。

中國沒有獅子，但到處都有獅子，圖為北京故宮的獅子。

獅子則不同，大受禮遇，在宮殿、官府、寺廟、祠堂，甚至現代
的公司行號前會擺上一對獅子，儘管形狀與真正的獅子有很大的
差距，但仍是獅子。

日本、韓國、東南亞各國也都沒有獅子，但到處都有獅子的雕像，
究其原因，是隨著佛教傳播而來，獅子在佛教是佛祖的象徵。

獅子已成為西方國主權的象徵，圖為英國尼爾森廣場的獅子。

印度孔雀王朝時期（西元前 4~2 世紀）著名的阿育王
（Ashoka Maurya）征服東部大國羯陵伽（Kalinga），
殺了很多人，人民流離失所。

他看了大為悔恨，決定改信佛教，不再殺生。他在全國各
地設置石柱或諭石，諭令臣民要戒殺，要和平共處，其中
最著名的石柱設在佛祖得道後第一次傳教（初轉法輪）的
鹿野苑，柱頭上有 4 隻獅子，象徵佛祖向四方宣講教義，
這柱頭獅不但隨著佛教到處傳播，印度獨立後，也把它作
為國徽，鈔票及錢幣上都有它的圖象。

在西方國家，獅子成為主權的象徵，英國用獅子作為徽
章，西歐其他國家也廣泛使用，所以獅子無論在文化、藝
術，乃至歷史、宗教的意義上，屬於世界級的，非老虎所
能比擬。

阿育王石柱上有 4 隻獅
子，柱頭獅隨著佛教到
處傳播。

撒桑吉爾國家公園位於印度西北側古吉拉特邦。

撒桑吉爾位於古吉拉特邦的西南角，相當偏僻，我造訪過 2 次，
最近一次是 2014 年，從孟買啟程飛往第烏（Diu），第烏是葡
萄牙在印度原有的 3 處殖民城市之一，於 1961 年被印度政府驅
逐，現存一座規模龐大的城堡。我們稍作停留，然後前往撒桑
吉爾，直接入住賓館（Gir Jungle Lodge），第 2 天前往保護
區進行遊獵。

撒桑吉爾總面積 1,412 平方公里，1965 年建立的國家公園面積
258 平方公里，是保護區的核心區，其餘是緩衝區。核心區裡又
設置一個解說區（Interpretation Zone），專為一般遊客近距離
觀察獅子的地方，設有簡單的資料站，懸掛一些圖片。我第一次
在 2011 年造訪時，只到解說區，此次造訪決定到其他核心地區
試試運氣。

撒桑吉爾國家公園南側的第烏,是葡萄牙在印度原有的 3 處殖民
城市之一,現存一座城堡。

搭乘吉普車進入園區,依規定的路線行進,這裡林木茂
密,首先看到零星的斑鹿及一隻藍羚,不久看到一群斑鹿
驚慌逃竄,不遠處傳來獅子穿越林間草叢的聲音,卻不見
蹤影。再往前行,看到一株鬼樹(Ghost Tree),白色樹
皮,夜間會隱隱發幽光,故稱鬼樹,比較少見。

我們經過一個小村落,住了幾戶牧牛人家,這是保護區的
難題之一,印度大部分的保護區(包括國家公園)多少住
有居民,若干保護區曾強制搬遷,例如甘哈。即便如此,
保護區的外圍有更多的居民,人獸的衝突,棲地的壓縮,
都是問題。他們一方面放牧牛群,一方面提防獅子攻擊,
生活艱困。我們繞了一圈,沒有獅子出現,只好出園。

```
1 | 2
3 | 4
```

〔 1 〕　休息中的藍羚。

〔 2,3,4 〕驚慌逃竄的斑鹿。

國家公園內居民及放牧的牛群。

躲在草叢中的黑頸羚。

蘇明知道我們有些失望，於是安排再進入解說區看獅子，我第一次造訪時，看到 2 隻剛成年的公獅，懶洋洋地躺在樹蔭下休息。亞洲獅的鬃毛較短，顏色較淺，腹部有明顯下垂的皮褶。

除了獅子以外，還看到斑鹿、藍羚及黑頸羚。這裡補充一下，非洲及印度都有獅子，但非洲沒有老虎，印度有羚羊，也有鹿科動物，非洲有羚羊，但沒有鹿（長頸鹿不是鹿），所以印度是相當特殊的。

第一次造訪時看到 2 隻剛成年的公獅。

被暫時監禁的花豹（左）。2 隻成年的公獅是此行看到的主角（右）。

再度進入解說區，首先看到一群胡狼，然後到一處圍欄，關了 4
隻花豹，據說是「犯了法」，被抓來暫時監禁觀察，日後再行野
放的。有一隻在柵欄邊走來走去，樣子十分兇猛威武。隨後看到
主角──2 隻成年的公獅。

牠們起先躺在圍欄旁邊的草地，可能覺得不舒服，起身一前一
後，往前面林子走去。這對公獅可能是兄弟，走在前面的姑稱「獅
弟」，豎起尾巴，好像說跟我走，跟著的「獅兄」尾巴下垂。走
一會，到了一處林蔭，獅弟先躺下來，翻身用腳蹭獅兄，獅兄一
屁股坐在獅弟身上，獅弟再用腳蹭牠，牠乾脆側躺下來，再翻個
身，兩隻剛好「10 腳」朝天，折騰一會，獅兄起身換個位置，躺
著休息了。我到非洲多次，從未看到公獅這種「哥倆好」的行為，
真是意外。

兩公獅、哥倆好。

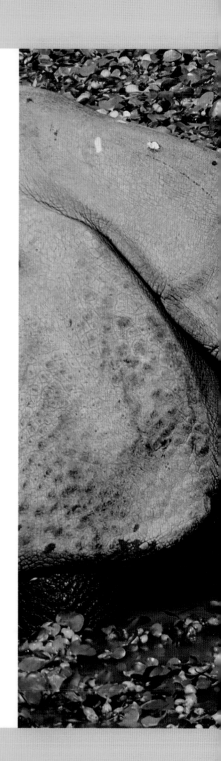

4

看見犀牛

Endangered Indian
One-horned Rhino

阿薩姆（Assam）位於印度東北部，北與
不丹、中國西藏為界，東側是緬甸，西
南臨孟加拉國，中間有大河——布拉瑪
普特拉河流經，形成龐大的洪泛平原，

這裡是著名的印度獨角犀牛的家鄉，也
是許多溼地長草區動物的棲地。

布拉瑪普特拉河（Bhramaputra River，以下簡稱「布河」）的源頭是西藏的雅魯藏布江，發源於杰馬央宗，於岡底斯山脈與喜馬拉雅山脈之間東流，繞過南茄巴瓦峰，形成大峽谷往南切下，進入阿薩姆地區，然後流經孟加拉，與恆河匯流後流入孟加拉灣，全長 2,900 公里。河面最寬 10 公里以上，水量很大，雨季時洪水泛濫，淹沒兩岸形成洪泛平原，洪水帶來肥沃的淤泥，但也沖刷河岸，對居民及野生動物造成災害。

布河上游為雅魯藏布江（左、上）。布河河面最寬有 10 公里以上。

阿薩姆地區犀牛獵殺極為嚴重。

阿薩姆是世界上最重要的紅茶產地，英國人日常喝的下午茶大部分用此地生產的紅茶。這裡的茶是 1848 年英國植物獵人福瓊（Fortune）到福建採集茶種並帶回茶農、茶工及器具，在印度包括阿薩姆、錫金、大吉嶺一帶廣為種植，不再仰賴中國進口茶葉。所以到了阿薩姆，在平原或山區，可以看到大規模種植的茶園，是特殊的景觀之一。

阿薩姆是著名的獨角犀牛家鄉，也是許多溼地長草區動物的棲地。

阿薩姆的外國遊客很少，多年來這裡是政治敏感地區，
1963 年中國跟印度曾經打過一次戰，雙方關係惡劣，領
土爭議尚未解決。阿薩姆地區數十年來又因印巴分治，阿
薩姆相對孤立，受到中央照顧較少，公共設施落後，政治
方面有傾向要求獨立或自治的舉動，所以是不安定的地
區。近年來情況好轉，開始開放旅遊，我們可能屬較早前
往旅遊的團隊，受到重視，並獲得禮遇。

嚴重瀕危物種——犀牛

犀牛是此行重要標的，全世界的犀牛有 5 個品種，非洲有白犀牛（White
Rhino）、黑犀牛（Black Rhino），亞洲有印度獨角犀（Indian One-
horned Rhino）、爪哇犀（Javar Rhino）及蘇門答臘犀（Sumatran
Rhino），5 種犀牛都被列為嚴重瀕危物種。爪哇犀與蘇門答臘犀數量最
少，爪哇犀只剩不到 50 隻；蘇門答臘犀約 200 隻，牠是亞洲犀裡唯一
有雙角、有體毛的品種。非洲黑犀牛剩不到 5 千隻，白犀牛較多，約 1
萬 7 千隻。印度犀大約 2,700 隻，牠是獨角，有厚大的皮褶膚，看起來

阿薩姆地區犀牛獵殺極為嚴重。

像古代戰士的盔甲，體型跟白犀牛差不多，腿雖短但可以跑得很快，所以被稱為「有機的坦克」。

犀牛瀕臨滅絕的主因是被盜獵，盜獵犀牛為的是犀牛角。在中國及若干地區，犀角被視為萬靈丹，尤其對高燒有特別功效。在中東，尤其是葉門，犀角作為腰刀或匕首的刀柄。雖然國際間有禁止交易的協定，但需求龐大，於是盜獵、走私層出不窮。利之所之，盜獵者有組織、火力強大，而且神出鬼沒，現場往往只剩被切除犀角後的屍體。

阿薩姆地區因鄰接外國，無明確國界，盜獵者進出自如，所以犀牛被獵殺極為嚴重，即便最著名的卡濟蘭卡（Kaziranga）國家公園一處，根據國家地理雜誌 2010 年 8 月的刊載，1985 至 2005 年間，共有 447 隻犀牛被獵殺，2007 年 18 隻，2008 年的前 5 星期 5 隻，包括 1 隻幼犀。另據官方資料，2012 年 22 隻，2013 年前三個月 17 隻，情況相當嚴重。這不包括被 氣候暖化，增大洪水淹死的在內。

犀角其實是由角蛋白纖維黏結而成，與蹄及獸毛成分一樣，科學證明不具任何神奇藥效，卻成為犀牛生死的罩門，前途堪虞。

卡濟蘭卡國家公園 1983 年列入世界自然遺產。

卡濟蘭卡國家公園（Kaziranga National Park）被稱為「草園王國」，布河從中穿過，兩側河岸（尤其南側）有廣大的高莖禾草地，是犀牛及大象的最愛。另有大片的低莖草地，有許多鹿科及野水牛。還有疏林草地，也是各種動物、鳥類集中的地方，類似這樣的生態環境，住滿各種動物，種類多、數量大、觀察容易，其他地方難以比擬，是參訪阿薩姆的首選。

卡濟蘭卡犀牛的保護始自英治時期，1905 年總督寇松（Lord Curzon）因夫人的倡議開始設置保育林（Reserve Forest）禁止獵捕犀牛，其後幾經擴大，於 1974 年設置國家公園，面積包括水域共 430 平方公里，1983 年列入世界自然遺產。區內估計有犀牛約 2,000 隻，約占全印度犀 3 分之 2。除了犀牛之外，還有老虎，據 2000 年資料，約有 86 隻，也是盜獵的對象，它也是「老虎計畫」中的老虎保護區之一（2006 年）。

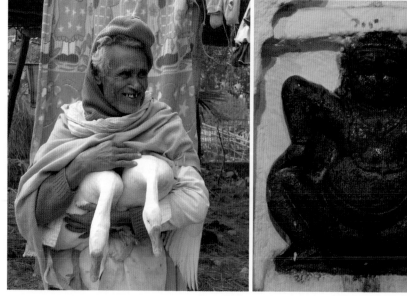

沿路看到廣大的茶園。

<pre>
  1
 ─────
 2 │ 3
</pre>

〔1,2〕 前往卡濟蘭卡
　　　　途中拜訪農家。

〔3〕　供奉伽利女神
　　　　的廟宇。

我前後造訪阿薩姆2次，都到卡濟蘭卡，我們從加爾各答搭機前往阿薩姆邦最大城古瓦哈提（Guwahati），沿著布河南側37號公路東行前往卡濟蘭卡。路過一家農家休息，農家和善，請我們喝茶及餅乾。也造訪一座廟宇，屬密教聖地，供奉伽利女神，信徒宰羊供祭往往數百頭以上。

沿路看到廣大稻田及茶園，接近卡濟蘭卡時，公路每幾百公尺鋪設凸起路面，目的是讓車輛緩行，避免撞到野生動物。37號公路的北側是卡濟蘭卡的核心地帶，南側是卡比山（Karbi Hills），是洪泛時期動物的避難所。我們黑夜中在路旁暫停，突然冒出一位持槍的人，我們嚇了一跳，原來是巡查員，他查明我們是遊客後也就放行，由此可見，印度政府正加強取締盜獵。

87

卡濟蘭卡騎象看犀牛

卡濟蘭卡的重頭戲是在清晨騎大象看犀牛。第一次造訪那天草場罩著一層白霧，
相當冷，4 人共騎一頭大象，在象夫帶領下，緩步前行。

首先看到一大群沼鹿，在燒過的草地上覓食，這裡的草場每年放火焚燒，剛冒
出的新芽是沼鹿的最愛。這裡的沼鹿屬於澤地沼鹿，跟甘哈那群不同，數量僅
有 800 隻，也是瀕危物種之一。第二次造訪時，草已長成，若干公鹿在打架。

接著看到一群豬鹿（Hog Deer），體型較小，在長草區鑽進鑽出，數量很多。
接著看到一頭大公野水牛（Asiatic Wild Water-buffalo），雙角又大又尖，是
體型最大的水牛，園區內約有 1,800 隻。

1	2	3
	4	

〔1〕 清晨騎大象看犀牛。

〔2,3〕沼鹿。

〔4〕 水牛在燒過的草地上覓食。

小犀牛緊跟著母犀牛喝奶。

終於看到犀牛，前後看到約 10 隻之多，有單獨 1 隻、有母子一對，小犀牛緊跟著母犀喝奶。也看到 2 隻打架的公犀牛，牠們狹路相逢，一隻轉往一處灌木叢，另一隻也跟過去，2 隻面對面端詳一會，開始較量，不一會左側的公犀勝出，落敗的轉身落跑，戰況沒有想像激烈，可能偶而鬧著玩的。

我們走走停停，看到一處開著花的綠草叢，蘇明說這是犀牛廁所，犀牛不群居，但會到同一個地點大便，所以特別肥沃，開著紫色帶紅的蝶醉花，特別醒目。據說，每年會換地方。繞了一大圈，天已大亮了，前後約一個半小時。

狹路相逢的 2 隻公犀牛。

卡濟蘭卡的自然風光（上），犀牛廁所（左下），紫色帶紅的蝶醉花（右下）。

卡濟蘭卡國家公園內除了犀牛、水牛外，還有約 1,300 隻的大象。

其後兩天乘坐吉普車分別進入園區西區及東區，這裡是疏林、高莖禾與短莖禾草地混合的地方，有支流小河、水塘，部分樹木高大，動物行蹤隱密。再往前行，地形變化較多，動物與周遭環境構成漂亮的景觀。園區內的道路是土路，車子經過揚起大片灰塵，道路上突然出現大水牛、大象、犀牛，彼此嚇一跳，我們停車讓牠們通過，牠們擁有路權。繞行中看到犀牛在水涯邊跟水牛一起覓食、喝水，非常自在悠閒。有幾群大象，帶著幾隻小象，最小的可能只有一歲多，在林間緩慢移動。卡濟蘭卡有 1,300 隻大象，有時大象會走出園區，與住民發生衝突。

黑腹蛇鵜

此外，我們還看到許多鳥類，幾群遠從西藏、青海飛來的斑頭雁（Bar-headed Goose）在草地上覓食，印度是斑頭雁渡冬的地區，印度北部從東到西，都有牠的蹤跡，阿薩姆有大山脈阻隔，地處邊遠，牠們仍然能飛到這裡，令人驚訝。在水塘裡有卷羽鵜鶘（Dalmatian Pelican），2種鸛──白頸鸛及黑頸鸛，一隻冠斑犀鳥從空中飛過，一隻黑腹蛇鵜（Darter）站在樹枝上。

斑頭雁

黑頸鸛

與卡濟蘭卡野生物復育及保育中心主任合影。　保育中心內的犀牛孤兒。
（左一為張長義教授、右一為陳炳煌教授）

卡濟蘭卡野生物復育及保育中心

參觀過園區，我們前往野生物復育及保育中心（Center for Rehabilitation and Conservation），中心主任親自接待，這中心專門救援受傷、離群的動物孤兒，收容危害居民的野獸，並提供國內外學者前來研究卡濟蘭卡的動物生態與復育技術。主任說在洪泛時期，動物上山避難過程，有受傷的、闖入民宅的，都需要協助處理，中心處理過的動物超過 150 種，工作負荷很重，有幾位外國志工來中心學習並協助。主任帶領我們參觀，看一隻犀牛孤兒及若干小動物，他特別讓我們看 2 隻不久前捕獲的花豹，在鐵籠裡張牙舞爪，朝我們撲過來，我們嚇一跳，花豹跟老虎一樣，行蹤隱密，不易看到。兩次短短造訪，想看到所有的物種是奢望，能夠看到那麼多，應該心滿意足了！

到阿薩姆看犀牛，大多數的人一頭栽進卡濟蘭卡，因為它國際聞名。其實還有若干可以看到很多犀牛的地方，距離最大城古瓦哈提車程不到 2 小時的波比多拉（Pobitora）野生動物保護區就是其中之一。（詳見第 85 頁地圖）

保護區的面積很小，僅有 38.8 平方公里，核心區 16 平方公里，有 92 隻犀牛，平均每平方公里 5.4 隻犀牛，是犀牛密度最高的地方。我第一次看到印度犀牛是在尼泊爾的奇旺（Chitwan）國家公園，騎著大象好不容易才看到 3 隻犀牛，當時已覺得很「確幸」。這裡坐吉普車繞行一圈，看到的犀牛比在卡濟蘭卡騎象時所看到的還多。這裡也屬洪泛平原的一部分，在布河的北邊。保護區四周是農田，犀牛多了，會跑到區外，引起人獸衝突，區外豢養的牛隻也跑進區內與犀牛共處。政府正積極研究對策，擴大保護區不可能，只好遷移一些犀牛到別的保護區，瑪那斯是最主要的去處，遷移犀牛不容易，花錢、費力，需要道路連通、大型器具等等，所以幾年來，只遷移了 4 隻，問題仍然存在。

保護區內看到黑頸鸛、大
野水牛、大禿鸛、灰雁。
（左至右、上至下）

保護區內也有不少的大野水牛，成群吃草。區內有多處水塘或小片溼地，
很多鳥類，有黑頸鸛（Black-necked Stork）、白頸鸛（Woony-necked
Stork）。還看到一隻大禿鸛（Great Adjutant Stork），在水塘邊走來
走去，小小的眼睛盯著水面覓食，這麼近距離看到牠不容易。另外看到
一群灰雁（Greylag Goose），是家鵝的祖先，分布很廣，歐亞大陸都
有牠的蹤跡，這是我第一次看到。

4-4 瑪那斯國家公園看見金毛葉猴
Golden Langur in Manas

瑪那斯國家公園 Logo 及周邊的小市集。

瑪那斯（Manas）國家公園跟卡濟蘭卡同屬布河洪泛生態系，但瑪那斯森林茂密，沒有大片的草地，園區內有瑪那斯河流經，是布河的支流。瑪那斯河對岸是不丹的瑪那斯皇家（Bhutan Royal Manas）國家公園（詳見第 85頁地圖）。我們曾參觀園區週邊一個小市集，很多不丹人前來交易。

不丹東部交通不便，不如越界到阿薩姆，不丹人來去自如，不必簽證或辦手續。印度是不丹的保護國，關係良好，但對盜獵者而言，也是很方便，所以瑪那斯於 1985 年列為世界自然遺產後，不久於 1992 年被列為瀕危遺產地，是因為盜獵嚴重。後來情況改善，2008 年解除瀕危，雖是如此，園區犀牛已被盜獵殆盡。於 2007 年從卡濟蘭卡移入數隻犀牛，我們 2013 年造訪時，沒看到犀牛，即使有，也許藏在密林長草深處，無跡可尋。

我們參訪瑪那斯時受到禮遇，管理單位派一名女主管前來協助，她安排一小隊的巡察員，荷槍實彈進入園區。瑪那斯巡察員很多是以前的獵戶，被政府收編，對森林內部瞭如指掌。他們帶槍，為了預防老虎襲擊，瑪那斯也是老虎保護區，據說老虎有15隻，我們深入林區時，一度聽到動物騷動，可能有老虎在附近，難免提心吊膽。

<table>
<tr><td>1</td></tr>
<tr><td>2</td></tr>
</table>

〔1〕瑪那斯國家公園前來協助的女主管。
〔2〕巡察負荷槍實彈一同進入園區。

金毛葉猴是瑪那斯國家公園主要明星物種，是世界上最稀有的葉猴。

瑪那斯最著名的動物是金毛葉猴（Golden Langur），是此行的主要標的之一，顧名思義，牠的皮毛是金黃色，體型小，每個族群只有幾隻，非常害羞。牠遲至 1954 年才被正式登錄命名，發現者是自然學家 E. P. Gee，所以學名稱為「幾氏金毛葉猴（Gee's Golden Langur）」，是世界上最稀有的葉猴。據估計，2001 年總數為 1,064 隻，阿薩姆有 52 隻，是印度極度瀕危的物種之一。

在瑪那斯西邊的一處森林深處，巡察員很快地發現一小群，高高地在大樹頂上活動，牠們很安靜，如果不是巡察員指出，我們很難察覺。我們觀察一陣子，牠們相互整理毛，偶而變換位置，有 1 隻坐在樹幹上兩隻腳掌撐在小樹枝上，露出兩個腳底板。另一隻母猴帶著小猴，尾巴下垂，一長一短。一隻公猴在白色天空背景下，毛皮呈現淡黃色，靜靜地警戒著，過一陣子，全體移動，深入林間消失不見了。

除了金毛葉猴，瑪那斯還有一種「黑帽葉猴（Black Capped Langur）」，我們在黃昏時看到一群，跳來跳去十分活躍。園區內也看到象群及一些鳥類，不及備載。

園區內還有黑帽葉猴及大象。

賀隆伽帕保護區樹木高大。　　看到白眉長臂猿在高高的樹枝上盪來盪去。

白眉長臂猿是印度
境內唯一的長臂猿
（左）。

在瑪那斯看到稀有的金毛葉猴後，我們轉往布河上游參觀賀隆伽
帕保護區（Hollongapa Gibbon Wildlife Sanctuary），這裡
副主任前來歡迎，並派巡察員荷槍引導我們入園參觀。（詳見第
85 頁地圖）

雨季時，這裡道路泥濘，有很多水蛭，我們是旱季前來，路乾，土
路兩側樹木高大，涼爽。聽到大聲喧擾，聲音響徹林間，我們加緊
腳步追蹤，是白眉長臂猿！牠是印度境內唯一的長臂猿，這保護區
於 1997 年設置的。

我們觀察到 2 群，在高高的樹枝上盪來盪去，偶而停下來看看我
們，牠那兩道厚厚的白眉下有黑溜溜的眼睛，棕色毛皮，相當有趣。
我們還看到 1 隻豬尾獼猴（Pig-tailed Macaque），體型粗壯，
但尾巴短小，牠在森林中間層活動，在東南亞地區分布很廣。

4-6　阿薩姆的人文景觀
Cultural Landscape of Assam

阿薩姆的居民及高腳型式的房子。

阿薩姆茶園，種了
大樹，過濾一些紫
外線及陽光，形成
獨特的景觀（左）。

阿薩姆茶園是獨特景觀之一，這裡海拔低，天氣濕熱，所以茶園
種了很多大樹，樹葉可以過濾一些紫外線及陽光，跟很多著名的
咖啡園區相同。茶園不用農藥，他們用苦楝樹（Neam）葉汁噴
灑以驅散害蟲。阿薩姆紅茶帶澀，顏色褐紅，加上牛奶成為英國
人最愛的奶茶。

另一種人文景觀是這裡的居民是黃種人，長得嬌小，像蘇明會被認
為是外國人。他們住在洪泛平原，房屋採高腳型式，家家戶戶都有
小船，洪泛時期他們可以捕魚，並作交通工具。旱季種田，並畜養
雞、豬之類。他們葷食，吃檳榔，好像不太喝茶，當地也買不到茶，
絕大多數出口去了。

布河江面遼闊。

莫卓利島上的印度教新教派。

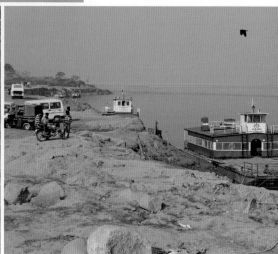

前往砂島的碼頭十分簡陋。

布河中有許多砂島，最大的島叫莫卓利（Majuli），面積曾高達 1,000 平方公里以上，它是 18 世紀時，上游西藏地區大地震崩落大量砂石所形成的，面積隨著水量多寡漲落、沖刷淤積而有變化。近幾年面積一直縮減，現在只剩 400 平方公里。氣候暖化，水量大增，加上上游左岸築堤，河水往島的方向快速沖刷，有預測這個島大約 30 年內可能會消失。

蘇明安排我們渡江前往參訪，碼頭是臨時性的，十分簡陋。江面寬闊，過江需約 1 個小時，上岸後一位年輕出家人迎接，他是地陪，屬於印度教的新教派（Neo Vajhnavite Sutra），這教派的出家人都是男人，從事農耕，自行炊食，有集會所，不供奉神像，不殺生，房舍相當乾淨。

開滿油菜花的田園景觀。　　　精舍製作的面具，為我們表演羅摩衍那 (左上、右)。

我們另外參觀一處精舍 (Sangeat Natak Academy)，他們製作
面具，遠近馳名，他們為我們表演印度兩大史詩之一：「羅摩衍那
(Ramayana)」，劇情是猴神打敗羅剎魔王拉摩那 (Ravana)，來
往交手，非常熱鬧。島上大片田地盛開黃色油菜花，搭配著高腳農舍，
形成一幅漂亮的田園景觀。

5

孟加拉灣的濕地生態

Wild-life in Bay of Bangal

孟加拉灣（Bay of Bengal）是世界上最大的海灣，呈三角形狀，它的北邊是恆河與布拉瑪普特拉河的出海口，是世界上最大的紅樹林區——桑德班斯（Sunderbans）三角洲。孟加拉灣西岸屬於印度，有各種海岸地形；東邊是緬甸及安德曼及尼可巴群島（Andaman and Nicobar Islands），南接浩瀚的印度洋。

孟加拉灣海洋資源豐富，是世界重要海洋生態系之一，沿岸有很多港口城市，有廣大的濕地、河灣，其中濕地及潟湖聚集很多鳥類及其他生物，是我前往參觀的目的地。

〔 1,3 〕桑德班斯是一河口三角洲,長滿紅樹林。
〔 2 〕 桑德班斯往來頻繁的船舶。

1 | 2
　 | 3

桑德班斯總面積廣達 4 萬平方公里,分屬印度及孟加拉國。印度部分是
恆河出海口,約占 40%;孟加拉部分是布拉瑪普特拉河的出海口,占
60%。這兩條大河在桑德班斯分流交匯,形成複雜的河口三角洲,有數
百個小島,許多島住了很多人,尤其是孟加拉所屬部分。

桑德班斯平均海拔 0.9 至 2.11 公尺,漲潮時部分陸地淹沒,退潮時露
出泥灘,整個地區長滿紅樹林,保護了大部分的島嶼。但是這裡天災頻
仍,產生於孟加拉灣的熱帶氣旋每年造訪,往往造成嚴重的損害。1970
年 11 月 7 日波拉(Bhola)氣旋造成歷年來最大的傷亡,死亡人數達
50 萬人,大部分集中孟加拉國。最近一次五級強颱錫德(Sidr)氣旋在
2007 年 11 月 15 日造成 3,447 人死亡,上百萬人無家可歸。所以這裡
的居民生活困苦。除了颱風、暴潮之外,另有一害是孟加拉虎。據説印
度桑德班斯國家公園內有 270 頭老虎,是印度最大的老虎保護區。

往來桑德班斯的大小船舶。

桑德班斯國家公園面積 1,330 平方公里，1973 年為最早一批老虎計畫之一，1984 年成立國家公園，1987 年列為世界自然遺產。孟加拉國部分分設 3 處森林保育區，面積總計 1,395 平方公里，在 1997 年列為世界自然遺產。兩者相鄰，但同樣被大小河流所分隔，雙方大小船舶來往頻繁。

桑德班斯位於印度加爾各答南方，我們從加爾各答出發南下，經過一帶皮革廠集中的工業區，路旁堆滿廢料，惡臭難聞，旁邊一條河水是黑色的，汙染嚴重。皮革業是加爾各答重要的傳統產業，一向由華人經營，現在加爾各答正快速成長，鼓勵市區裡皮革廠外移，新的地區帶進產業也帶進汙染，是否值得？

養殖虎蝦的魚塭。　　　　　　　　　　擠滿人的渡船。

繼續南行，看到許多魚塭，主要是養殖虎蝦，政府開始擔心過度撈捕蝦苗的問題，但已無法管控這獲利頗豐的行業。終於抵達一個渡口，相當擁擠簡陋。這裡渡船每人每次搭乘只要 1 盧布，相當於新台幣 5 毛錢，船上擠滿人。那天江面平穩，我們過了江，繞過住人的小島，前往國家公園內唯一的招待所（Sajnekhali Tourist Lodge）。這裡自行發電，用的是半鹹水，住處乾淨。 一群獼猴跑來跑去，動作敏捷，會搶奪東西。招待所週邊用鐵絲網圍起來，為了防止老虎闖入。

紅樹林裡的老虎

桑德班斯的老虎生活在紅樹林裡，練就超強游泳功夫，據說最長可以游 12 公里，常常游到有人居住的島上，造成人畜傷亡。牠的腳掌較其他老虎粗大，便於划水，牠甚至可以在水裡把小舟上的漁夫拉下水，其伙伴卻沒有察覺。紅樹林產珍貴的野蜂蜜，採蜜人常受害，一年總在 50 人以上。

政府規定進入保護區需申請許可，並繳交少許費用，政府提供最多 3 萬盧布的保險，如果有傷亡，可以獲得賠償及醫藥服務。即便如此，多數人還是付不起，申請手續又很麻煩，寧願非法進入，若有死傷，都自行了事，避免受到重罰。

兩天租船繞行一小部分園區，這裡水域寬闊，但水很淺，來往孟加拉較大的船舶有時要等漲潮才能航行，小河道更淺，只能用小船，但具危險性。老虎藏身紅樹林中，牠看得見我們，我們看不到牠，所以只能在較開闊的河道，沿著河岸巡航。

保護區對岸的小島有村落，為防止老虎游往對岸，保護區沿岸架設鐵絲網。有些紅樹林長得高大，退潮時露出盤根，相當壯觀。有一種棕櫚樹（Hantal Palm），它的根部及主幹都在水下，看到部分是葉片，這種樹叢，是老虎的的最愛。

1	2
	3

〔 1,2,3 〕桑德班斯的老虎生活在紅樹林中。

我們也看到幾處紅樹林上掛著紅布條，代表有人被老虎襲擊喪命之處。也看到一個個小廟，裡面供奉 Bonbibi 女神，祂是桑德班斯的保護神，可以保護進入森林免受老虎之害。從另一方面來看，也許老虎才是真正桑德班斯的保護者，否則大部分的紅樹林恐怕被砍伐開墾殆盡。

我們曾兩度上岸登上瞭望台，都沒看到老虎。其中一次看到一隻公斑鹿悠閒吃草，幾隻鳥在樹林間飛來飛去，岸邊有獼猴覓食，還有一些鷸鴴科鳥類，也許是季節已過，看到鳥種比預期稀少。

我們回程時登上 Rangabella 島，參觀民居生活，交通工具是板車，道路顛簸不平。這裡種植稻米，收穫後直接蒸熟，曬乾儲存，要食用的時候，再去殼烹煮，這種作法流行於印度東部，吃起來口感稍硬，據說養分不流失，也不怕受潮長霉。

這座島周圍築土堤防潮，年年受損，年年修築，印度政府提供每人每年一百個工作天，支付工資給居民修堤修路，對當地居民幫忙很大。返回加爾各答路上，蘇明安排在一個農家用餐，特別指定吃蝦子，果然美味，也為此行畫下句點。

根部及主幹都在水下的棕櫚樹，是老虎的的最愛。　供奉桑德班斯保護神 Bonbibi 女神的小廟。

	1	
	2	
4	3	
	5	

〔 1 〕公斑鹿悠閒吃草。
〔 2 〕獼猴在灘地上覓食。
〔 3 〕板車是當地的交通工具。
〔 4 〕Rangabella 島上的農家。
〔 5 〕修築土堤防潮。

5-3 奇利卡湖看水鳥
Birding in Chilika Lake

奇利卡湖是印度最大的
海岸潟湖（左）。

奇利卡湖（Chilika Lake）是印度著名的鳥類保護區之
一，位於印度東部奧里薩邦（Orisa）孟加拉灣海岸，面
積 1,100 平方公里，是印度最大的海岸潟湖，也是印度最
大的候鳥渡冬棲地，有 160 種鳥類，數量龐大。湖水帶鹹、
很淺，旱季時只有 0.3 到 0.8 公尺，雨季 1.8 至 4.2 公尺，
魚產豐富，靠這個湖維生的漁民有 15 萬人，分別住在湖
邊的 132 個村落。

雷姆賽公約（Ramsar Convention）是國際公約，在
1971 年簽訂，1975 年生效，是為了保護全球重要濕地及
其永續利用。到 2014 年 1 月，有 168 個締約成員，共有
2,186 處列為國際重要濕地名錄。印度有 26 處，奇利卡
湖在 1981 年入列。

1	2
3	

〔 1 〕振翅群飛的水鳥。
〔 2 〕小舟在水草間划行。
〔 3 〕趕往奇利卡濕地的水牛塞滿了街道。

母雞愉快地啄食小魚蝦。

奇利卡湖 1993 年曾被列入「蒙特婁記錄」，原因是湖區過度開發養蝦事業，危及魚類及鳥類的生存。被列入記錄名單，類似「留校察看」，仍屬雷姆賽溼地，希望當地政府切實改善。它於 2002 年解除列管，並獲得「雷姆賽溼地獎（Ramsar Wetland Convention Award）」，獲獎原因是「它在修復及明智利用濕地方面獲致優越成就，並有當地社區的積極參與」。

我們從加爾各答坐夜車抵達奧里薩邦首府「布本尼須瓦（Bhubaneswar）」，這裡有許多佛教及印度教的古蹟。我們參觀若干古蹟後，出城南行，經過農田、村落，抵達奇利卡北端新闢的旅遊點。這小村村民飼養很多水牛，我們剛好遇上大群趕往奇利卡濕地的水牛，塞滿了狹窄的街道。然後經過一條土路到登船的小碼頭，石板上曬著剛捕獲的小魚蝦，有一隻母雞愉快地啄食。

我們分別登上小舟，在水道水草間慢慢划行，水靜無波，一望無際，天空鳥群飛翔，船行處偶有水鳥驚起，特別大群的水鳥飛滿天空，聲勢浩大，非常壯觀。我們特別喜歡看到針尾鴨（Pintail）騰空飛起的模樣，牠通常是成對，振羽飛起時，一前一後，煞是好看。有時一群在空中飛翔，也是我們喜愛的情景。

123

針尾鴨振翅飛起。

鉗嘴鸛

黑尾鷸

奇利卡賞鳥，大群水鳥飛翔是其特色，我們看到最多的是黑尾鷸（Black-tailed Godwit）、鉗嘴鸛（Asian Open-bill Stork）也是一大群，另有一群鬚浮鷗（Whiskered Tern）。其他零星有紫鷺、黑鸛及彩鸛、赤麻鴨，以及鷸鴴科鳥類，看到種類大約 20 種，有一些鳥在其他鳥類保護區也可見到，所以不再詳列。

上岸後，我們立即被幾位記者包圍，因為我們是來自臺灣的第一團，也是這個景點開闢後少數外來訪客之一，我給予奇利卡相當高的評價，因為一旦生態破壞了，要恢復原來的環境是很困難。當地的鳥導，原來都是捕鳥人，現在隨船解說，相當稱職。

漁民除了撐船載客外，還從事漁撈，我們到訪的這部分，漁獲好像不重要。我們離開時，看到大群水牛在濕地草原上放牧，或許是它獲獎的原因吧！

奇利卡湖外側是很長的黃金色沙灘，往北延伸到名城普里（Puri），我曾到那一帶看捕魚，方式相當傳統，漁獲豐富。這海灘是欖蠵龜（Olive Ridley Turtle）的繁殖地，但是我們看到岸上有許多龜屍，有的已經成為骨骸，有的可能被捕不久，直接棄置岸上。據說漁民認為龜與他們爭食，抓到後予棄置，任由鳥類啄食，很令人出乎意料。

皮塔卡尼卡國家公園是印度最大鹹水鱷棲地。

皮塔卡尼卡（Bhitarkanika）於 1975 年設置野生動物保護區，面積 672 平方公里，核心區 145 平方公里，1988年設為國家公園，2002 年列為雷姆賽濕地，是印度最大鹹水鱷棲地，約有 700 隻，也是我們專程前往參觀的主要標的。

印度有三種鱷，最普遍的是沼鱷（Mugger），最稀有的是恆河鱷（Gharial）或稱食魚鱷；鹹水鱷或稱河口鱷（Estuarine Crocodile）是最大型的鱷魚之一，曾有一條長達 7 公尺，在 2006 年登錄世界紀錄為最大的鱷魚。

```
 1 │ 2
─────────
 3 │
```

〔1,3〕河口瀰漫著霧氣,有
　　　龐大的紅樹林群。

〔2〕　海灘上一隻死去的欖
　　　蠵龜。

```
 1 | 2 | 3
———————
  4  | 5
```

〔1〕 禿鸛。
〔2〕 魚狗。
〔3〕 鸛嘴魚狗。
〔4,5〕河岸上的大小鱷魚。

我第一次到奧里薩邦，原計畫前往參觀，臨時遇上園方宣布關園，為了年度清點鱷魚數量，只能次年再度前往。

皮塔卡尼卡位於奧里薩邦東北部，流入孟加拉灣的「白塔拉尼河（Baitarani）」河口，區內河道蜿蜒，有龐大的紅樹林，除了鱷魚之外，也有多種鳥類。保護區外圍，屬同一處雷姆賽濕地的加希爾馬塔（Gahirmatha）海洋保護區，是世界最大欖蠵龜產卵地，產卵季節上千隻上岸，據說十分壯觀。

從布本尼須瓦車行一整天抵達園區內的招待所，帳篷式客房，相當簡陋。次日清晨起床，周遭一片霧氣，白濛濛的。用餐後前往渡口，等了一陣子，終於登上一條汽艇，行駛10分鐘後，折回到渡口下船。地陪說管理員不准我們入園，蘇明大為驚駭，因為我們已經繳交高額的門票，豈可收了錢又不准入園，於是前往交涉，終於說可以上船，但只能坐在船艙內。蘇明又去溝通，說可以坐艙外，但不准拍照。這又是奇怪的刁難，再抗議，終於說可以帶相機，這樣折騰半天，我們的興緻大減。

再度出航，在幾條小河道航行，天氣不錯，果然看到不少鱷魚，有大、有小，大的身長約2公尺多，小的可能去年剛生的，前後大約看到20至30隻，大部分在岸邊曬太陽，有的在水邊，有些看到船隻駛近，轉身下水躲藏。還看到2隻巨蜥（Indian Monitor Lizard）。紅樹林十分茂盛，偶而看到幾頭斑鹿，樹梢看到黑腹蛇鵜、鸛嘴魚狗（Stork-billed King-fisher）、禿鸛等，原計畫深入紅樹林區，但時間不足，也怕另生枝節，只好作罷，返回布本尼須瓦。

報載「台灣客遊印度國家公園被刁難」之小插曲

回到台灣後兩個月，突然有來自印度的報導，稱奧里薩的地陪向主管機關投訴，説台灣遊客因訪皮塔卡尼卡受到刁難，並説我方旅行社向他索賠200萬盧布，團中有2個「台灣高官」，揚言要關閉駐印代表團云云，經刊登在印度大報，引起駐印度中央社記者的注意。

台灣報導説是我跟益厚兄被拒該國家公園之門外，蘇明及我方旅行社蔣得之大為憤怒，立即予以駁斥，這個團受到刁難是事實，但還是入了園。蘇明曾寫抗議信給主管機關，但絕無要地陪賠償，更沒有要脅撤館乙事。這事引起很多好友及媒體的關切。我們到國外旅遊，跟其他隊友一樣沒有特權。蘇明事後認為受刁難可能是地陪製造的。這是我到印度多次，唯一的遭遇，也了解到，即使在同一國家，不同的保護區有不同的管理。有一點倒是相同的，那是印度人耐「繁」，往往可以把簡單的事搞得很複雜，例如甘哈每次進園都要逐一核對護照，他們樂此不疲，我們只好入境隨俗了！

6

繽紛大地的乾旱地生態

Wild-life in Colorful Rajasthan

拉賈斯坦是印度面積最大的邦，境內有印度大沙漠——塔爾（Thar）沙漠，世界排名第 17。沙漠地區呈黃褐色，著名城市首府齋浦爾（Jaipur）房屋多用紅色砂岩建造，並漆成粉紅色，故稱「粉紅城市」。久德浦爾（Jodhpur）房屋漆成藍色故稱「藍色城市」、烏岱浦爾（Udaipur）是「白色城市」。拉賈斯坦東南部有「綠色」森林覆蓋，所以拉賈斯坦邦被稱為繽紛大地，生態環境獨特。

藍坦浦國家公園在 1973 年列為老虎保護區，1980 年設置國家公園。

齋浦爾東南約 130 公里處，有一處著名的老虎保護區——藍坦浦（Ranthambore）國家公園，它曾是齋浦爾大君的獵場，1973 年列為老虎保護區，1980 年設置國家公園，面積 392 平方公里，區內有一座古堡：藍坦堡，是 10 世紀堡壘式建築，已經廢棄多年，據說常有老虎盤據。保護區內老虎 2005 年統計有 26 隻，2008 年增至 34 隻，我們前往此地的主要目的就是看老虎。（詳見第 143 頁地圖）

我們抵達藍坦浦後，投宿一家豪華旅館（Nah-argarh），剛好正在拍電影，是寶來塢的古裝戲，打鬥場面相當熱鬧，女主角長得漂亮大方，在印度拍攝人物，通常不被拒絕。

次日搭乘吉普車入園，首先看到一群嬉戲中的葉猴，一隻公猴高踞樹頂上，十分神氣。路上一群婦女，穿著鮮豔。山頭上一系列的城牆及瞭望台，非常雄偉。

據說藍坦浦是最容易看到老虎的地方，所以各方遊客趨之若鶩，我們也不遠千里而來。這天遊客很多，車輛絡繹不絕，我們繞行幾處老虎常出沒的地方，結果都沒有看到，只看到一處新鮮老虎腳印，難免失望。不過園區內動物不少，斑鹿最多，成群結隊，一批水鹿在湖邊覓食。林子中出現一群野豬，不怎麼怕人。湖裡一隻沼鱷，浮在水面上，一下子就不見了。

<table>
<tr><td>1</td><td>2</td></tr>
<tr><td></td><td>3</td></tr>
</table>

〔 1 〕投宿豪華旅館 Nah-argarh

〔 2 〕巧遇拍電影，女主角長得
　　　漂亮大方。

〔 3 〕公葉猴高踞樹頂上，十分
　　　神氣。

```
1  │ 2
   │ 3
4 │ 5 │ 6
```

〔 1.2.3. 〕 看到老虎的腳印，
湖邊覓食的水鹿及
不怕人的野豬。

〔 4.5.6. 〕 藍坦浦國家公園內
的樹鵲、赤麻鴨、
石鴴。

區內鳥類也不少，有樹鵲（Tree Pie）、赤麻鴨
（Brahminy Duck）、黑頭白䴉（Black-headed
Ibis）等。難得的看到一隻石鴴（Stone Curlew），
藏在石堆裡，沒注意，很難發現，牠眼睛很大，喜
歡行走，是唯一在印度看到。

出園時，一堆人停車往對側高處看，原來有一隻花
豹在一座山頭的岩石上，可清楚看到牠躺著抬頭四
望，一副閒適的樣子。

昌伯河。

曬太陽的恆河鱷（左）。

藍坦浦南側有昌伯河（Chambal）流經，它是恆河重要支流之一，流域劃設恆河鱷（Gharial）及野生動物保護區，面積 5,400 平方公里，跨越拉賈斯坦等三個邦。這裡除了恆河鱷外，還有恆河江豚（Gange River Dolphin）、紅冠頂龜（Red-crowned Root Turtle）都是瀕危的物種，因此，極為重要。

恆河鱷又稱食魚鱷，只吃魚，長嘴有 110 顆尖牙，能緊緊咬住魚，成年公鱷身長達 6 公尺，體重 160 公斤。這種鱷魚在柯珀國家公園裡曾看見過，不過這裡是牠最重要的棲地。2006 年僅剩 235 隻，原因是多年來整個河段紛紛築起水壩，河岸築堤，濫採砂石，鱷魚產卵的砂灘減少，加上盜獵、水汙染等因素所致。

我們從旅館出發越過藍坦浦南端，抵達昌伯河，時值旱季，河水水位下降，好不容易走過礫石灘到岸邊，登上小艇，開始尋找恆河鱷。出航不久，前方一處淺灘，一隻大鱷魚在曬太陽，牠發覺我們靠近，抬起頭，長長的嘴喙，成排的牙齒清晰可見，牠迅速轉身衝下河，慢慢地游開，牠的身長可能超過 4 公尺，正是我們尋找的目標。

我們隨後在河道巡航，河中一處淺灘上有幾隻鱷魚在曬太陽，牠們抬起長嘴，從遠處看，會以為是樹枝。淺灘上除了鱷魚，還停了一些水鳥，互不相擾。另一處淺灘發現了幾隻稀有的剪嘴鷗（Indian Skimner），是昌伯河的指標性鳥類，牠跟一對赤麻鴨及數隻燕鷗站著休息，是此行意外的收穫。河裡有一群瘤鴨（Comb Duck）悠閒地游著，岸邊一群婦女在洗濯，一處青翠的麥田前坐著剛收割完牧草的婦女。

1	2	3
4		5

〔1,2,3〕剪嘴鷗、赤麻鴨及數隻燕鷗，一群悠閒游著的瘤鴨。

〔4〕 岸邊洗濯的婦女。

〔5〕 麥田前割完牧草的婦女。

回程路過辣椒處理場。

回程路過一處辣椒處理場，曝曬大片的紅辣椒，很
多女工正在篩檢分類。這一帶盛產辣椒，呈鮮豔的
紅色，但不很辣，是印度咖哩常用的調味及著色，
曬場整片紅色，是繽紛大地的另一種色彩。

黑頸羚是印度特有種
（左）。

沙漠國家公園於 1980 年設置，面積 3,162 平方公里，其中 20% 是沙丘，其餘是乾旱、植物稀疏的黃褐色砂土，景觀相對單調，但有不少動物棲息。其中最著名的是印度黑頸羚（Black-buck），是印度特有種，公羚羊肩高73.3 到 83.8 公分，長 120 公分，重 34 到 45 公斤，頭上有兩隻螺旋狀的直角，長 45.6 至 68.5 公分，皮膚呈黑褐色，腹部為白色，眼有白色圈圈，雌羚羊體型較小，顏色為黃褐色，沒有角，雌雄長相相差很大。

黑頸羚數量大約有 5 萬隻（2001 年），分布於拉賈斯坦及古吉拉特兩個邦的乾旱地帶，我曾在撒桑吉爾獅子保護區內見過一小群，這裡則到處可見。

進入園區，首先看到一群藍羚（Nilgai），牠是亞洲最大型的羚羊，公藍羚最重可達 300 公斤，高約 2 公尺，皮膚是藍灰色，有一雙短角。母藍羚體型較小，皮膚黃褐色，沒有角。牠數量很多，很多地方都可看到，甚至在一般棉花田或城市郊區都可看到。

再往前行，看到一對印度瞪羚（Chinkara），站在路旁緊張地看著我們，然後公羚羊往左前方跑，另一隻母羚羊接著往右跑，打算引開我們的注意，原來有一隻小羚羊躲在前面的乾草叢裡，幾乎察覺不到。牠也是特有種，在印度數量很多，這裡只看到這三隻，但近距離觀看，也是難得。

最後看到黑頸羚羊，一隻雄羚羊昂著頭走在疏林草地上，非常神氣，旁邊有一群雌羚，是牠的妻妾。短暫的一個下午，看到三種羚羊，在同一棲地生活，也是很有收穫。

1	2
3	4

〔1〕進入園區首先看到公藍羚。
〔2〕母藍羚體型較小，皮膚黃褐色，沒有角。
〔3〕雄黑頸羚與雌黑頸羚（圖前方）。
〔4〕印度瞪羚緊張地看著我們。

在拉賈斯坦及古吉拉特旅行，沿路可以遇到各種不同的行旅。牧人趕著駱駝、牛隻、羊群在路上行走，數量多寡不等，但有百隻以上，整條路都擠滿，我們會讓路拍照，等牧群過了才上路。

他們在乾季從北往南尋找牧地，牧人身著白衣，拿著長棍走在隊伍前方，後面有助手協助，避免牲畜走失。有一個駱駝商隊運載著貨品，牧人帶領，走得很神氣，沙漠地區交通不便，駱駝是最佳的交通工具。

另外看到一個家族在搬家，一群驢子載著家當，由當家主婦領頭，迤邐而過。整群驢子都是白色，攜帶的鍋子擦得雪亮，裝不下的，頂在頭上，小孩騎驢，較大的步行。她們是遊牧人家，要搬遷到新駐地，她們穿著以紅色為主，整個隊伍形成獨特情景，令人印象深刻。

7

白色大地的鹽
鹼地生態
Wild-life in Salt-Pan

古吉拉特邦西北部，有一大片鹽鹼灘
地，面積兩萬平方公里以上，橫跨印度
及巴基斯坦邊境，地名「庫奇沙漠（The
Rann of Kutch）」，介於塔爾沙漠與阿
拉伯海之間，平均海拔約 1 公尺。由於
大部分呈現白色地，故稱「白色大地」。

庫奇鹽鹼地分為兩大部分，北為大庫奇
（The Big Rann of Kutch），雨季時淹水，
水深 0.5 至 1.5 公尺，旱季時大部分為
鹽灘。南邊為小庫奇（The Little Rann of
Kutch），雨季時部分淹水，大部分為乾
裂鹼土、鹽沼及沼澤草地，另有 74 座
高出水平面的台地或小島，長滿植被，
是動物的庇護所。沼澤有許多候鳥，更
重要的，它是印度野驢的棲息地。

7-1 小庫奇鹽鹼地看見印度野驢
Indian Wild Ass in the Little Rann of Kutch

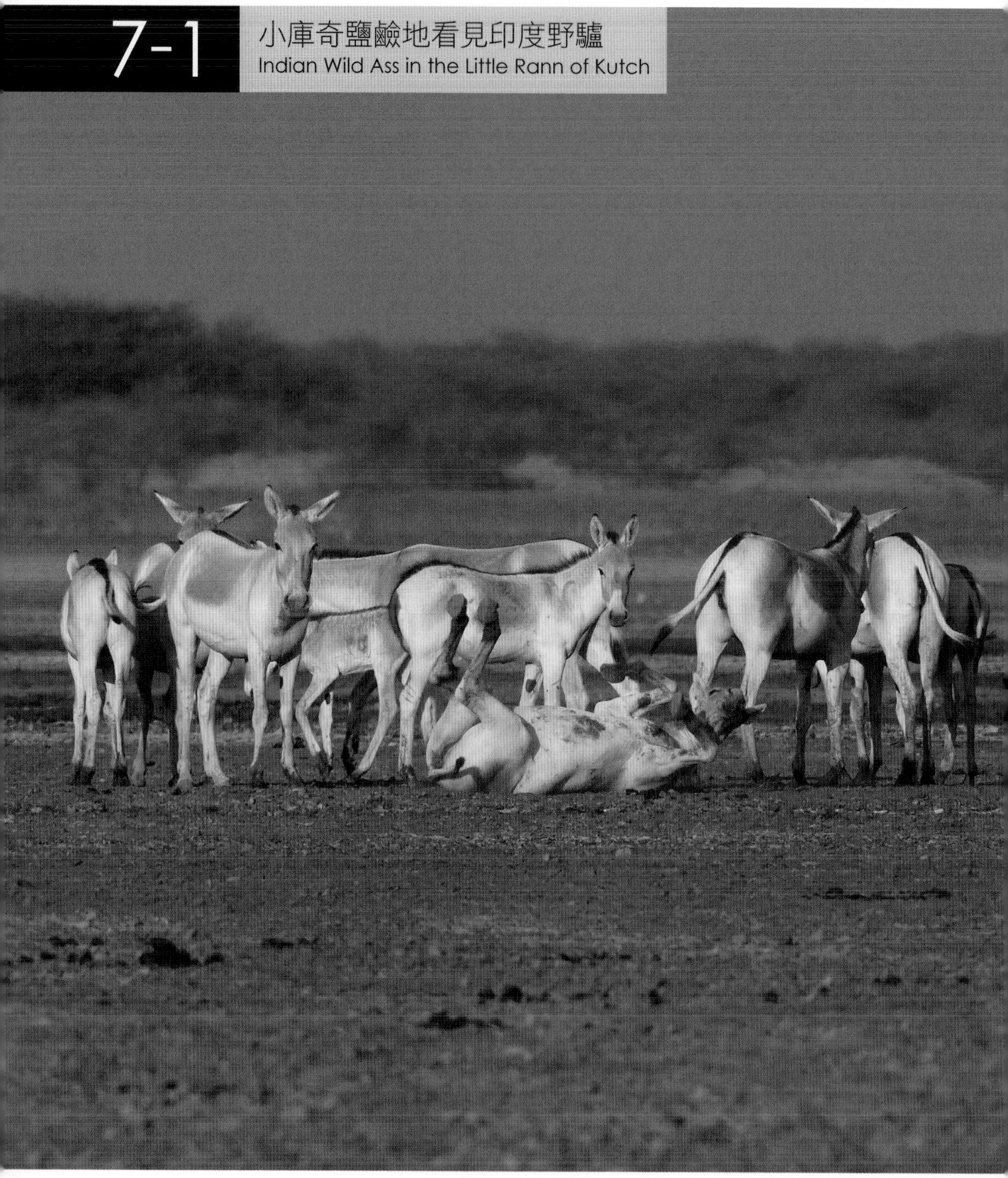

小庫奇鹽鹼地的印度野驢保護區於 1972 年設置，野驢被列為瀕危物種，也是印度明星物種之一。

亞洲野驢有兩個亞種，一為藏野驢（Tibetan Wild Ass），分布於西藏高原及印度拉達克地區，牠體型較大，膚色較深；另一種就是印度野驢，庫奇鹽鹼地很少淡水，植被多是耐旱耐鹼植物，野驢卻以此為樂園，適應這裡的生存環境，非常獨特。

印度野驢保護區（Indian Wild Ass Sanctuary）於 1972 年設置，位於小庫奇鹽鹼地，面積 4,954 平方公里，園區有 2 千隻野驢，被列為瀕危物種，也是印度明星物種之一。

我先後曾造訪小庫奇 4 次，其中一次因淹過水無法進入，其餘 3 次都看到野驢，運氣不錯。看到的野驢數量有多有少，最少的一次，只看到 6 隻，最多一次看到幾群，總數百隻以上，最大一群大約 30 隻，其中有一些幼驢，繁殖情形良好，牠們不太怕人，有些可以靠得很近，牠們長得十分漂亮！（詳見第 159 頁地圖）

田鷸

	1	
2		3
4		5
6		7

〔 1 〕 灰鶴是歐亞大陸數量
　　　 最多的鶴。

〔 2 〕 休息懶洋洋的狐狸。

〔 3 〕 白鸛是冬候鳥。

〔 4 〕 簑羽鶴是最小的鶴。

〔 5 〕 小庫奇鹽沼地上的白
　　　 鵜鶘。

〔 6 〕 小庫奇也可以看到大
　　　 小紅鶴。

〔 7 〕 簑羽鶴飛過落日。

保護區內其他的動物很少，在邊緣偶而可以看到
一兩隻藍羚。看到一隻狐狸，躺在洞口休息，懶
洋洋的。鳥類非常多，尤其是灰鶴（Common
Crane），牠是歐亞大陸數量最多的鶴，這群過
冬的嬌客，可能來自西伯利亞，牠們在野驢前面草
地上覓食，一大群飛起，十分壯觀。另一種白鸛
（Siberia White Stork）也是冬候鳥，近年來印度
過冬數量較少，蘇明在路旁一塊草地看到一群，我
們連忙下車搶拍，牠們驚起飛離。

簑羽鶴（Demoiselle Crane）也是我們前來庫奇
的主要目標之一，牠是最小的鶴，棲息於亞洲黑海
到蒙古一帶，數量很多。我們第一次造訪時，看到
灰鶴誤以為是牠，還興奮一陣子，後來查明是搞錯
了。不過我於第三次造訪時，終於在黃昏前在湖區
看到一大群上千隻的簑羽鶴，幾隻簑羽鶴飛過通紅
的落日前，太陽瞇著眼睛微笑。

153

庫奇鹽沼也有很多鳥類聚集，有大小紅鶴（Flamingo）、琵鷺（Spoon-bill）、白鵜鶘、田鷸（Common Snipe），牠們飛起來時，非常壯觀。

此外，路旁電線上的鳥也很精彩。庫奇週邊有一些村落，有供電，電線上往往可看到許多種鳥。有一隻印度佛法僧（Indian Roller）站在電線上吃著剛捕獲的蚱蜢，但太大了，一時無法吞下，於是啣在嘴裡摔來摔去，努力許久，勉強吞下，看我們一眼就飛離了。一隻黑翅鳶（Black-winged Kite），眼睛像紅寶石，站在電線上，凝視著我們，牠是非常漂亮的小型猛禽。

地面上也有很多種鳥，我們看到一隻躲在林下草叢中的印度雕鴞（Indian Eagle Owl），牠瞪眼看著我們，一會兒就飛走了。一隻鳳頭雲雀（Crested Lark）站在小土堆上。其他還有麥雞、孔雀、斑頭雁、赤麻鴨、戴勝（Hoopoe）以及灰鷓鴣（Grey Francolin）等等，可說是愛鳥者

1	3	5
2	4	6

〔1〕印度佛法僧吃著剛捕獲的蚱蜢。
〔2〕印度雕鴞躲在草叢中。
〔3〕黑翅鳶眼睛像紅寶石。
〔4〕站在小土堆上的鳳頭雲雀。
〔5〕一畦畦的鹽田。
〔6〕婦女抱著小孩前來打招呼。

甘地與抗鹽稅遊行雕像。

的樂園。除了鳥獸外，庫奇也有人文及自然景觀，這裡產鹽。私人鹽田規模
很小，鹽田一畦畦，乾裂的地上堆著白色粗鹽，鹽民生活比較困苦，住所以紙板
及木板搭建起來，一位婦女抱著小孩走過來打招呼，衣著相當整潔。看到這塊小
鹽田，想到甘地著名的「抗鹽稅遊行（Salt March）」。1930 年，英國殖
民政府強徵鹽稅，並嚴厲禁止私人曬（取）鹽，甘地強烈抗議這些措施，於
同年 3 月 12 日從古吉拉特邦的首府阿德默達巴附近開始徒步到海邊小村丹
迪（Dandi），共走 24 天，開始時有 79 人隨行，後來人數越來越多，聲勢
浩大，受到全印度人民的關注。甘地抵達海邊，象徵性用手掬起一把鹽巴，
當場被捕，關進牢裡九個月，同行者及各地響應者有 8 萬人被捕。這次遊行，
甘地由原先的消極不合作主義，改變為積極不合作運動，全國響應，影響深
遠。甘地說：「鹽僅次於水與空氣，是生命最重要的必需品。」殖民政府沒
有因此改變，一直到印度獨立後才取消鹽稅，私人小規模曬鹽不再被取締。

我們也曾參觀一處牧牛人家，他們在園區周邊牧牛，是一個家族，老老少少
住在臨時性的房子裡，男人在外放牧，婦女在家頭頂水缸打水，或採取柴木
做家務，個個身體壯碩，她們喜歡戴耳環，臉上刺青，雙手戴大串銀手鐲。
男人著白衣，頭包白巾，留兩撇鬍子。一位老人抽著菸，吞雲吐霧給小孩看。
他們也是庫奇生態的一份子，不是嗎？！

牧牛人家集錦。

大庫奇鹽鹼地位於小庫奇北邊，雖同屬鹽鹼地形，但兩者有很大不同，小庫奇有鹽沼、草地、鹽田、許多動物、鳥類及村落，大庫奇大部分是白色鹽鹼地，一望無際，看不到飛鳥，當然也沒有動物。不過它的深處有一處印度大鴇（Great Indian Bustard）保護區及一處紅鶴繁殖地，都受到嚴格管制，同時交通也不便，外人不准進入。此外靠近巴斯坦印度河一帶有早期印度河哈拉班文明（Harappan Civilization）遺址。

印度河文明是世界四大古文明之一，約在西元前20至30世紀繁盛於印度河中下游兩岸，後來突然消失，據推測是被雅利安人入侵，部分原住民被趕往印度南部。這段歷史因缺乏文字記載而空白，但在20世紀發現多處遺址，規模之大、城市架構之整齊，跟兩河流域同時期的遺址相較，毫無遜色。

從這些遺址的分布，數千年前的大庫奇應是一處可航行的海灣，印度河出海口也曾經發生大改道，如今滄海桑田，這些都尚待進一步的考古研究。

一望無際的大庫奇鹽鹼地。（左）

巧遇古吉拉特政府舉辦慶典。

大庫奇位於印度與巴基斯坦邊界，屬軍事及政治敏感地區，前往參觀須事先申請，在入口處一一核對旅客護照身分。這一帶是平坦荒漠，道路兩側長滿非洲刺槐，它適宜乾旱地生長，被政府引進，不料這種植物樹葉有毒，駱駝、牛、羊都不吃，蔓生速度極快，成為隨處可見的有害植物。往前行，草木漸疏，抵達觀景點已無任何植物，下車步行，走過土黃色泥地，再過去就是一望無際的白色大地，在上面行走，恍如走在虛無飄渺間。腳下鹽層很厚，但因帶有許多塵土及有害雜質，所以沒有鹽田，也不取鹽，是印巴之間的天然屏障。

我於次年再訪大庫奇，剛好遇上古吉拉特政府為發展庫奇旅遊事業所舉辦的慶典，設置了一些臨時販賣場，販賣土產。邦總理也親自蒞臨，我們隨著大群遊客前往慶典場地，已有很多人聚集，大聲播放音樂。防衛隊派出儀隊歡迎總理並作操演。

```
1 | 2
  | 3
```

〔1〕騎士騎著裝飾亮片
　　的駱駝。

〔2〕好友們在大庫奇鹽
　　鹼地留念。

〔3〕衛兵牽著狼犬來回
　　巡邏。

他們騎著高大駱駝，駱駝身上裝飾亮片，騎士身著白色
長袍，頭上包著紅橘色頭巾，手持旗，走向會場，非常
威武，他們偶而停下來讓觀眾拍照。另有衛兵牽著狼犬
來回巡邏。

蘇明說大庫奇是不設防的邊界，不時仍有走私、偷渡或恐
怖份子潛入，所以用駱駝隊巡邏。天色已晚，我們等不及慶典
開鑼，兼程趕回賓館，因第二天要前往大庫奇東北邊多拉維拉
（Dholavira）參觀。

多拉維拉遺址位於大鹽鹼地，是哈拉班文明中印度最大的遺址。

消失的印度河文明遺址分布於印度河中下游及庫奇鹽鹼地一帶，最著名的位於巴基斯坦境內的哈拉帕（Harappa）與莫亨約達羅（Mohenjo-daro）兩大遺址，因為哈拉帕屬較早期，所以印度河文明也被稱為哈拉班文明「Harappan Civilization」，印度境內的多拉維拉是其中最大的遺址。

多拉維拉遲至 1967 年才被發現，目前仍進行挖掘考古。據資料它於西元前 2650 年已存在，到西元前 1900 年發展到顛峰，最盛時期人口達 2 萬多人，城鎮面積有 100 公頃，後來逐漸衰落，原因推測可能是由於航路阻塞，或外族入侵，西元前 1650 年淪為廢墟。

大庫奇雖是大鹽鹼地，其中也有若干島嶼，多拉維拉位於卡迪爾島（Khadir Is.）西南側，是當年通往兩河流域的重要貿易港口，島上現有一座村落——多拉維拉，這古蹟就是以這村落命名的。

前往多拉維拉的道路是新修建的，筆直穿越白色鹽鹼地，路上遇到趕羊人家，百餘頭羊由一位牽著駱駝的老牧人帶頭，可能前往城市販賣。原

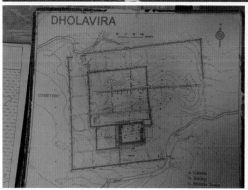

```
    1
  2   3
    4
```

〔 1 〕 前往多拉維拉路上遇到的趕羊
　　　 人家。

〔2,3〕多拉維拉門首設置一座考古博
　　　 物館。

〔 4 〕 多拉維拉遺址位於山丘上，房
　　　 屋只剩基礎。

綠喉蜂虎與海市蜃樓。

以為多拉維拉是荒郊僻壤,結果島上卻是草木繁盛,有一些麥田,村子不大,有水井。過了村子,很快抵達多拉維拉,門口有一座「考古博物館」,規模很小,陳列簡單,主要的文物都放在考古所或其他博物館。我們略作參觀後,在館方人員引導下,進入遺址。

遺址位於一個山丘上,長方形布局,有城堡區、外城及內城,外圍有城牆。多拉維拉是用石塊砌成,跟磚造的哈拉帕及莫亭約達羅遺址不同。這裡有完善的儲水系統,其中一座儲水庫寬 7 公尺,長79 公尺,深約 3 公尺多,有階梯供上下。各儲水池之間有地下管溝連通,也有澡堂。房屋只剩基礎遺跡,有圓形、長方形,街道筆直,在那年代,有這麼高明的規劃及工程技術,實在令人嘆為觀止。

參觀完畢,回到博物館前,一棵樹上看到一隻綠喉蜂虎 (Little Green Bee-eater),回程在路上看到海市蜃樓,彷彿消失的古印度文明幻影。

8

賞鳥者的樂園
Birder's Paradise

印度各地地形與氣候差異很大,從高寒
到炎熱,從沙漠到濕地,從河川到高原,
從草原到森林,各有不同的生態環境,
各有許多生物聚集生存。印度平原冬季
暖和,有大量候鳥前來渡冬。因此,印
度鳥類種類多達 1,250 種。

無論在國家公園或各類型保護區內都可
以看到許多鳥。甚至在水庫、郊區、城
市裡都有鳥類的蹤跡,大部分印度人對
鳥友善,因此,鳥也不太怕人,所以印
度可說是賞鳥者的樂園。

1 | 2

〔 1 〕蓋奧拉笛歐國家公園 1985 年列入世界遺產。

〔 2 〕入園參觀通常以三輪車代步。

到印度賞鳥首選是著名的蓋奧拉笛歐國家公園（Keoladeo National Park），位於拉賈斯坦東北側（詳見第 143 頁地圖），距泰姬瑪哈陵所在地——阿格拉（Agra）很近，交通方便，前往賞鳥的人非常多，它於 1981 年列為雷姆賽國際重要濕地，1985 年列入世界自然遺產。

蓋奧拉笛歐國家公園面積 29 平方公里，有 366 種鳥類，密度很高。當然每次參觀，因季節不同，看到的鳥也不盡相同，也只能看到一小部分，我曾造訪此地 2 次，看到的鳥類有重複的也有不同的。

入園參觀通常在門口僱用三輪車代步，車伕非常老練，對園內的鳥獸動靜瞭如指掌，所以也是半個鳥導。園內走的是一條筆直的土路，兩側有樹木、草地、水塘，風景優雅，由於沒有車輛干擾，鳥獸習慣遊客來往，所以不太怕人。我們走走停停，在車伕的指點下，看見許多鳥獸。

1	2
3	4

〔1〕赤頸鶴是最大型的鶴。
〔2〕紅領鸚鵡在印度數量很多。
〔3〕白胸翠鳥。
〔4〕黑冠椋鳥站在木棉花上。

首先看到一群樹上的紅領鸚鵡，牠們在印度的數量很多，幾乎隨處可見；接著看到草地上有一隻戴勝在覓食，再過去，一隻綠喉蜂虎站在樹枝上。一棵木棉樹開滿了花，花上站著一隻黑冠椋鳥（Brahminy Myna），隨後看到綠鳩、白胸翠鳥等。接著主角——赤頸鶴（Sarus Crane）出現，牠是最大型的鶴，最高 1.8 公尺，最重 12 公斤，跟其他種類的鶴一樣，終生配偶，在印度數量約有 1 萬隻。我們看到一對親鳥帶著一隻幼鳥，在草叢中覓食，幼鳥長得跟親鳥一般高，只是羽毛顏色較淺，牠走來走去，還去驅趕一對黑頭白鸛。

$\frac{1}{\frac{2}{3}}$

〔1〕大雄藍羚及一群潛鴨。
〔2〕斑頭雁是來自青康藏高原的珍客。
〔3〕何應欽將軍曾於 1943 年 2 月 14 日前來行獵。

往前行，水塘邊的水草上有幾隻彩鷳（Glossy Ibis），牠的羽毛是豔麗的深紅褐色，雜部分藍綠色。一隻蛇鵜（Darter）張翅晾曬，牠的脖子長可彎曲，像蛇一樣；水塘裡有許多紫水雞（Purple Moorhen）紫鷺、彩鸛、灰鷺等；一隻花嘴鴨帶著一群小鴨在水中游來游去，一對印度灰犀鳥（Malabar Grey Hornbill）站在樹頂上，另一棵樹頂上有一隻栗鳶（Brahminy kite），是半成鳥，俯視著我們。

再往前行，來到一處大草地，有幾群藍羚低頭吃草，一隻大雄藍羚站在小丘上向四周張望，草地上有大群的潛鴨。有一群斑頭雁，是來自青康藏高原的珍客。

園區盡頭有一座牌子，上面紀錄著歷年到此行獵的名人以及獵獲物的數量。原來蓋奧拉笛歐在 250 年前就是獵場，1850 年巴拉普（Bharatpur）大君，設為專屬獵場，主要是獵水鴨。在英治時期，也提供總督等貴賓前來行獵。在大牌子上，列有 1938 年總督林李斯高（Linlithgow）獵殺 4,273 隻水禽，用槍 39 支，是最高的紀錄。他從 1936 年到 1938 年，連續行獵 4 次，共獵殺 9,732 隻！

DATE	ON THE OCCASION OF THE VISIT OF	BAG	GU
1943 14TH. FEB	H. E. THE COMMANDER-IN-CHIEF-FIELD MARSHAL SIR ARCHIBALD WAVELL. H.E. THE GENERAL HO-YING-CHIN. CHINESE. GENERAL YEA-TA-WIE. HON BLE THE RESIDENT COL. A G GILLAN	1334	39
1943 27TH. NOV 1944	HIS HIGHNESS BIRTHDAY	302	40
30TH JAN 1944	H.H. THE MAHARAJA BHARATPUR THE HON BLE LT. COL C.V.B.GILLAN	331	15

171

花嘴鴨　　　　　　　　　　　　　　　紫水雞

彩鸛　　　　　　　　　　　　　　　　蛇鵜

彩鸛　　　　　　　　　　　　　　　　紫鷺

灰鷺　　　　　　　　　　　　　　　　印度灰犀鳥

同時也發現何應欽將軍曾於1943年2月14日，應英軍陸軍元帥阿契伯‧瓦維爾（Archibald Wavell）邀請，前來行獵，那天一行人打了1,334隻水禽。何將軍後來在台灣主張設立國家公園，陽明山是在他建議下成立的。

牌上紀錄行獵期間是每年的11月到2月間，正值冬季，候鳥前來過冬，紀錄到印度獨立後停止。每次行獵獵殺數量少則數百，多則數千，到後期越來越少。我2次造訪，已看不到大量候鳥，最近一次是2015年元月，幾乎看不到大群的鳥，據說因為水量大減，以及園區四周大幅開發所致。

這園區另一個特色是人造環境、人為管理。蓋奧拉笛歐原來是低窪地，是滯洪區，依地形高低築壩成大小10個水塘，水深1至2公尺，下方水塘缺水，就由上方水塘放水，上方缺水了，就由深井抽水挹注，水少了，鳥就不來，當年行獵時期的盛況已不復見！

許水德資政2015年造訪留念。

蘭嘎納提圖鳥類保護區位於卡維利河一處河段。

蘭嘎納提圖（Ranganathittu）鳥類保護區位於卡納塔克邦南部大城邁索（Mysor）附近，也是著名的鳥類天堂。它是卡維利（Kaveri）河一處河段，面積 67 公頃，河上有 6 個小島，是許多鳥類的繁殖地，我們前往參觀時，正值繁殖季節，看到許多幼鳥，是這個保護區的特色。

卡納塔克邦

阿拉伯海

班加羅爾

拉吉夫·甘地
國家公園

蘭嘎納提圖
鳥類保護區

175

河岸園區草木整理得乾淨整齊,樹林及竹子長得
高大青翠。首先在樹枝上看到一隻紅耳鵯(Red-
whiskered Bulbul),一群彩鸛在天空飛翔,
2000 年曾紀錄到多達 1,400 隻彩鸛在此棲息。

我們乘坐小船在小島間划行,看到最多的是黑頭
白䴉,正忙著築巢孵蛋。還看到一群剛長成的鉗嘴
鸛、吊掛樹上的果蝠、餵雛的蛇鵜、一些鸕鷀、幾
隻印度池鷺(Pond Heron)、夜鷺及牛背鷺。在
一個岩石上,一對彩鸛幼鳥爭食。河裡有兩隻曬太
陽的沼鱷,耐心靜候不小心摔下來的幼鳥,我們划
過牠的旁邊,不免有些擔心。

1	2
3	4

〔1〕紅耳鵯。
〔2〕彩鸛在天空飛翔。
〔3〕彩鸛及黑頭白䴉。
〔4〕站在岩石上的彩鸛。

```
   1
 ┌──┬──┐
 │ 2│ 3│
```

〔 1 〕 乘坐小船在島間滑
　　　　行，持相機者為張長
　　　　義教授。

〔 2 〕 剛長成的鉗嘴鸛。

〔 3 〕 餵雛的蛇鵜。

1 | 2
—— 3
| 4

〔 1 〕鸕鷀。
〔 2 〕吊掛樹上的果蝠。
〔 3 〕黑頭白䴉忙著築巢孵蛋。
〔 4 〕黑頭白䴉。

1
2 | 3
4 | 5

〔 1 〕曬太陽的沼鱷。
〔 2 〕印度池鷺。
〔 3 〕牛背鷺。
〔 4 〕彩鸛幼鳥爭食。
〔 5 〕夜鷺。

一對鉗嘴鸛。

瓦德瓦納（Wadhwana）鳥類保護區是古吉拉特邦的第二大水庫，是附近 25 個村落飲水及灌溉水源，旱季時水位下降，淺水區吸引大量水鳥過冬，也是賞鳥勝地之一。古吉拉特比較乾旱，所以重視水利設施，建了許多水庫，乾季時有很多水鳥，我參觀過若干水庫，鳥況或多或少，種類大致相同（詳見第 159 頁地圖）。

我們沿著水庫邊的土堤進入，首先看到一對鉗嘴鸛、一對麥雞（Red-wattled Lapwing）、一隻水中游的白眉鴨

（Ganganey），牠遍布歐亞大陸，是標準候鳥，印度是主要的冬季棲地，我在印度首次看到。這裡讓我驚豔的是看到大群的瘤鴨（Comb Duck），在水岸邊棲息，牠是留鳥，體型比白眉鴨大。雄鴨鼻喙上有一塊肉瘤，所以稱作瘤鴨，雌鴨沒有肉瘤，體型比較小，通常小群聚集，在印度西北少見，這裡我們看到大約有二百隻以上，仔細觀察，居然都是雌鴨！

在水邊有一群約40多隻，夾雜幾隻白眉鴨、一二隻琵嘴鴨（Northern Shoveler），靜靜地休息，偶有黑頭白鹮走來走去。水庫遠處還有大群的鸕鷀、白鷺、水鴨等，一片青翠草地上，一群水牛低頭吃草，一幅閑靜的鄉村景色。

1
2
3

〔1〕麥雞。
〔2〕白眉鴨遍布歐亞大陸。
〔3〕一大群瘤鴨在水岸邊棲息。

1	3
2	
4	

〔1〕白眉鴨與琵嘴鴨。
〔2〕黑頭白鸛。
〔3〕雄瘤鴨。
〔4〕閑靜的鄉村景色。

9

西高止山的生態
Wild-life in Western Ghats

西高止山（Western Ghats）位於印度西南側，呈南北向，長 1,600 公里，西側狹長海岸外是阿拉伯海，東側接德干高原，它是印度大陸原有的古老山脈，有很多原生種生物，主要是植物、爬蟲類及昆蟲等等。它於 2012 年列入世界自然遺產，涵蓋 39 處國家公園、老虎及野生動物保護區以及森林保育區等，分屬印度南部 4 個邦，系統複雜，它也是地球生態熱點之一，最有名的物種是眼鏡王蛇。

印度奉眼鏡王蛇為神物，印度大神毗濕奴的寶座是眼鏡王蛇，頭上華蓋有 5 個蛇頭；耆那教第 23 世渡津者 (聖者) 巴濕婆那它（Parshvantha）的坐騎也是眼鏡王蛇，氣魄懾人。

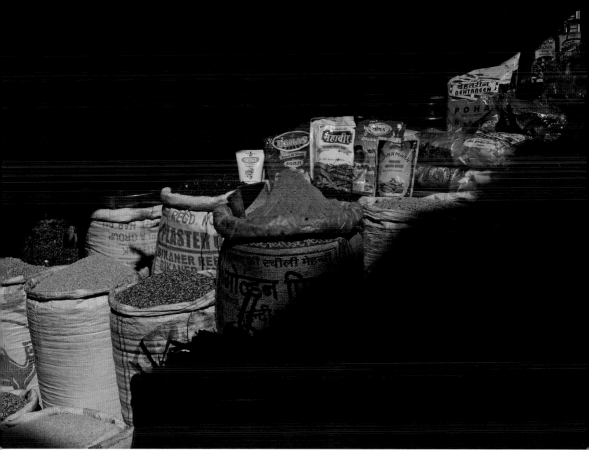

西高止山南部盛產香料。

西高止山南部盛產香料，尤其以胡椒最著名。胡椒是中世紀以後歐洲人的生活必需品，它可以保存肉類，並給予食物特殊味道。當時胡椒及其他香料產自東方，受到阿拉伯商人的壟斷，運到西歐變得非常昂貴，激發了尋找前來東方的新航道，開啟了大航海時代。結果哥倫布發現新大陸；葡萄牙人瓦斯柯 ‧ 達伽馬（Vasco da Gama，1460~1524 年）繞過非洲好望角，抵達印度卡拉拉邦卡利卡特（Calicat），進行香料貿易。此後，西班牙、荷蘭、英國、法國等紛紛前來，先是貿易，後來佔領、殖民，整個世界產生極大的變化。因此，胡椒被視為重塑世界的催化劑。第二次世界大戰後，殖民時期結束，香料價錢變得非常低廉，但貿易仍然興盛。到西高止山地區旅行，常常可以看到香料園，除了胡椒之外，有丁香、荳蔻等，也有咖啡園、茶園、腰果果園，規模都很大，西高止山的森林大為縮減，只剩約 10%，目前受到嚴格的保護。

1	2
3	4
	5

〔1〕咖啡園。
〔2〕腰果。
〔3〕胡椒被視為重塑世界的催化劑。
〔4〕咖啡。
〔5〕婦女處理咖啡。

拉吉夫 · 甘地國家公園原名那嘎拉荷雷（Nagarahole），是當地語「蛇河」，因紀念拉吉夫 · 甘地而改名。（詳見第 175 頁地圖）

拉吉夫 · 甘地（Rajiv Gandhi，1944~1991 年）是甘地夫人的長子，繼甘地夫人成為印度第 7 任總理。他於 1988 年國大黨競選失利下台，仍任國會議長，1991 年他到塔米爾南部為一位國大黨候選人助選時，被一位女性自殺客引發炸彈爆炸身亡，原因是他於 1987 年派兵干預斯里蘭卡塔米爾之虎內戰，被指壓迫塔米爾人，惹來殺身之禍。

|1|2|
|3|4|

〔1〕斑鹿是梅花鹿的亞種。
〔2〕草地上看到一隻獴。
〔3〕站在樹枝上俯視著我們的蛇鵰。
〔4〕鱗喉綠啄木鳥在樹幹上覓食。

這座國家公園雖改以他的名字命名，但當地仍稱它為「蛇河」國家公園。它於 1999 年列為老虎保護區，也是西高止山世界自然遺產尼爾吉利（Nilgiri）生物圈保留區成員之一，面積 643 平方公里，距邁索市約 50公里。

進入園區首先看到斑鹿，牠是梅花鹿的亞種，印度的野生動物保護區內都有大量存在，牠是獵食者的最愛，有牠在，虎、獅、豹等才能生存。隨後看到一隻蛇鵰（Crested Serpent Eagle）站在樹枝上，俯視著我們；一隻鱗喉綠啄木鳥（Scaly-throated Woodpecker）在樹幹上覓食；一隻獴（Stripe-necked Mongoose）在草地上行走；隨後看到一群印度豺犬（Dhole），也是我們此行造訪最主要目標。

印度豺犬有一身紅褐色的皮毛，所以又稱「紅犬」，非常漂亮，是印度瀕臨滅絕的動物之一，目前只剩下不到 2,500 隻，牠們群居、集體獵食，我們看到的這一群大約 10 隻，一隻公犬警戒著看著我們，其餘的在草叢裡休息或奔跑。我們繞了一小圈，沒看到老虎或大象，但於願已足。

印度豺犬又稱「紅犬」。

白頸鸛

佩利亞（Periyar）野生動物保護區也是西高止山世界自然
遺產系統之一，面積 925 平方公里，核心區 350 平方公
里，於 1982 年設為國家公園。區內有佩利亞湖，是興建
於 1895 年的人工水庫，四周森林茂密，野生動物很多，
據說有 52 隻老虎（2010 年），所以它也是老虎保護區。
很多大象，也是印度大象保護區之一。

佩利亞位於卡拉拉邦與泰米爾邦交界，大
壩部分在卡拉拉，因大壩老舊，想改建，
泰米爾方面擔心水庫的水源被卡拉拉獨
占，引起爭議。我們一行原從泰米爾方
向前往佩利亞，結果遇上雙方各自設置
路障阻止對方人車通行，我們受到池魚
之殃，只好改搭飛機繞道。據説那場糾
紛由中央出面調解，改建之議就此打消。
印度邦與邦之間，語言不同，常有磨擦，
偶而遇上，在所難免。

佩利亞只有一小部分可供遊客參觀，我們
入園到湖區小碼頭上船，繞一圈，那天天
氣晴朗，視野良好，湖光山色，若干樹開
著褐色的花，風景優美。湖邊草場看到
一群野豬，林子裡有斑鹿，也看到一隻
大褐牛的背影。湖中枯樹上有鸕鷀築巢。
遊一圈湖，回到岸上，看到 2 隻白頸鸛
在樹上交配，天空中飛著一群白頸鸛。

大樹上有幾隻藍山長尾葉猴（Nilgiri
Langur），牠有黑得發亮的毛皮，臉也
是黑的，但頭髮是金褐色，模樣十分可
愛，有一隻躲在樹叢裡，從綠葉中冒出
頭來端詳我們，是隻好奇寶寶！路旁有
一群印度獼猴（Bonnet Macague），
一隻母猴帶著小猴坐在台階上。

1	4	5
2	6	7
3		

〔1〕枯樹上鸕鶿築巢。
〔2〕長尾葉猴模樣十分可愛。
〔3〕樹葉中冒出個好奇寶寶！
〔4〕砍除甘蔗汁液、榨汁。
〔5〕注入大鍋熬煮。
〔6〕熬成粗糖。
〔7〕廠區鋪了厚厚的蔗渣。

回程路上，看到一座小糖廠。這附近盛產甘蔗，甘蔗用牛車載來，先砍除枝葉，然後榨汁注入大鍋熬成粗糖，我們嚐了一口，非常甜，香味濃郁。廠區鋪了厚厚的蔗渣，空氣中瀰漫著甜味。糖在大航海時代也是重要貿易商品之一，這種的製糖法，是數百年甚至更久以前承襲下來的工藝，非常「本土」。台灣早期傳統糖廠的作法幾乎一樣，根據唐書西域傳摩揭它國記載：「貞觀二十一年…太宗遣使取熬糖法，即詔揚州上諸蔗，榨汁如其劑，色味愈西域遠甚。」所以我們製糖傳自印度。

10

印度動物傳奇
Indian Wild-life Legendry

印度教是非常複雜的宗教，有各式各樣的神祇，印度神跟一般人一樣，有喜怒哀樂，有配偶，有子女，有很多化身，也喜歡受到奉承。同一個神在不同地方、不同場合有不同的形象、不同的名字。

有神，當然也有惡魔，群魔中有好的，眾神中也有壞的，有的神可以一半是男身，一半是女身，同一個神，生氣時是一個樣子，高興時又是另一個樣子。很多鬼神有很多隻手，分別拿不同的法器。奇特的是每個神魔都配有坐騎，坐騎包括各種鳥獸或爬蟲。這些坐騎有時作為各該神的代表，與神同樣神聖，同樣受到信眾的供奉。

這種文化根深蒂固，為別的地方所無。因此，印度人與野生動物之間產生特殊和諧的關係，也是今日印度保有眾多野生動物的重要原因之一。

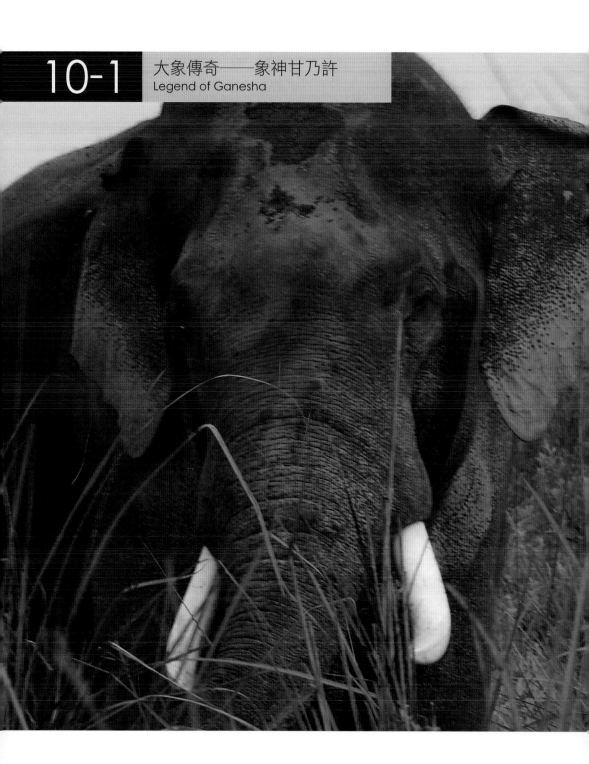

印度次大陸及東南亞都有很多大象，統稱亞洲象，自古以來人們捕捉大象，馴服後從事運搬、騎乘、慶典或作戰之用。西元前3世紀，迦太基名將漢尼拔於第二次布匿克戰爭（腓尼基與羅馬間的戰爭）時，率領軍隊及37隻大象，跨越阿爾卑斯山，進入義大利，幾乎打進羅馬。雖然不知道他帶領的是何種大象，但大象被用來作戰，已有二千年以上的歷史。古代東南亞、泰國、緬甸、寮國之間的戰爭，也用很多的戰象，白象在這些國家被奉為神聖。今天大象被獵殺盜取象牙，或因使用機械取代象力，有些淪落街頭乞食。

不過有一種神——甘乃許（Ganesha），象頭大肚，在印度及東南亞廣受膜拜，很多人認為牠是財神，信奉象神可以發財，在印度被視為「文學與學習之神」。

很多人認為象神甘乃許是財神。

1	2
	3

〔1〕 乘坐大象看老
　　 虎、犀牛。

〔2,3〕南印度裝扮華
　　　麗的大象。

甘乃許神話傳説是濕婆神與配偶帕伐蒂（Parvati）之子，
有一天濕婆雲遊回來，發現家裡有男人，以為老婆偷人，
一怒之下把那人殺了。濕婆出外太久，不知這是祂的兒
子，闖下大禍，急忙把遇到的第一個動物——大象的頭切
下來，套在兒子身上，把兒子救活了，甘乃許就成了這副
模樣，胖胖的，很可愛。祂喜歡甜食，左手常拿著裝滿甜
食的碗，印度小孩都喜歡祂，印度人喜歡甜食，所以祂成
為最受歡迎的神。

在印度看老虎、犀牛，最好是乘坐大象，牠在長草間行走
緩慢、安穩，也不必花費汽油，暨環保又實惠。我在南印
度看到裝扮華麗的大象，由象夫騎著遊街，這些大象長得
高大，尤其象牙必須長得漂亮才顯得威武，這種情形在東
南亞也是如此，是文化的一部分，不過我比較喜歡看自遊
自在的野象。

```
 1
─┼──
   2
```

〔 1 〕　阿育王石柱柱頭
　　　　座有瘤牛雕刻。

〔 2 〕　牛糞餅工廠。

牛是雅利安人帶進印度，有很多品種，最受重視的是背上有大塊隆起的背肌，像
一個肉瘤，故稱「瘤牛」。西元前3世紀孔雀王朝阿育王建造許多石柱，宣諭政令，
最著名的石柱是在佛祖初次傳教的鹿野苑樹立的，柱頭4隻獅子，是印度的國徽，
柱頭座有瘤牛雕刻。也有單用瘤牛作為柱頭的，可見牛在傳統的重要性。

牛一直是印度人的生活中心，印度人吃素，蛋白質幾乎都來自牛奶及相關產品。
甚至牛糞也廣泛用於塗裝牆壁及地面，牛糞做成圓餅狀曬乾，是很好的燃料，
據說燒起來的氣味很好，連帶食物也會變得可口。我們到鄉下造訪農舍，地面
光滑平整，是牛糞摻泥土鋪成的，也參觀過一處牛糞餅工廠，把收購來的牛糞
加工成牛糞餅，規模很大，一塊賣一個盧布（約新台幣5角），許多富裕家庭
也買來燒飯，一點也不浪費。順帶一提，印度政府除了申令保護牛之外，還鼓
勵農民養乳牛，政府以優惠價格收購牛奶，農民受惠不少。

梵天掌創造。

印度有三大神：濕婆（Siva）掌破壞、梵天（Bhrama）掌創造，毗濕奴（Vishnu）管保護。濕婆頭上有第三隻眼睛，張開時，整個世界會毀滅，這時毗濕奴會從沉睡中醒過來，從肚臍長出梵天，再創造宇宙萬物，這隱含印度的宇宙觀，從有到空，再從空到有。

濕婆常以林伽（Lingam）型狀供人膜拜，林伽是陽具，是古老陽具膜拜遺緒，希望種族繁衍。因此，濕婆神廟裡座上只是林伽，林伽座前一定有難弟（Nandi）——

1	2
3	4

〔1〕 濕婆掌破壞。
〔2〕 瘤牛作為濕婆的坐騎
〔3,4〕濕婆常以林伽型狀供人膜拜。

瘤牛，跪坐面向林伽。難弟是濕婆的坐騎，凡是濕婆的雕像或畫像，一定有難弟，為什麼以瘤牛作為濕婆的坐騎？可能是張顯牛的重要性吧！

難弟有時單獨受供奉，被視為濕婆的替身。印度南部有一座以整塊大石頭雕成的難弟，漆成黑色，掛著彩帶裝飾。所以到印度看到街上有牛隻阻礙交通，人車都會耐心避開，其來有自。然而在回教區，以及阿薩姆地區，牛的待遇就全然不同，這也是印度多元宗教及文化造成的差異。

印度南部以整塊大石頭雕成的難弟。

卡尼瑪衪神廟。

濕婆兒子象神甘乃許的坐騎,是跟衪體型不相稱的老鼠!老鼠是
中國十二生肖之首,為何如此排列,不得而知。但老鼠多在穀倉
聚集,顯示豐年有餘、財富盈滿,有說老鼠會口吐財寶,剛好跟
象神配對云云。

很多人不喜歡老鼠,但根據唐玄奘撰寫的「大唐西域記」第十二
卷瞿薩旦那國(于闐國)有關「鼠壤坟」傳說,記載該國祭奉「鼠
神」。有一年匈奴大軍侵略,該國國王求助於鼠神,夢中獲允相
助,於是次日清晨派兵突襲敵營,匈奴措手不及,匆忙應戰,但
馬鞍、軍服、弓弦、甲鏈、褲帶等都被老鼠咬斷,完全失去戰鬥
力,因而大敗,於是「瞿薩旦那王感鼠厚恩,建祠設祭」。

無獨有偶,印度拉賈斯坦那達斯諾克(Deshnoke)有一座「卡
尼瑪衪(Karni Mata)」神廟,裡面有很多老鼠,故稱「老鼠廟」。
卡尼瑪衪是 16 世紀神奇人物,活到 151 歲,然後不知去向。在
世期間有很多信徒追隨,衪也協助土邦大君選址建築城堡,因此
也被奉為土邦的保護神。

這廟是 20 世紀初才由當代大君出資興
建，裡面至少有 2 萬隻老鼠。傳說當
年卡尼瑪祂的一位養子意外去世，祂跟
閻王要回祂兒子的性命，閻王最初不肯
答應，但在瑪祂的堅持下，雙方協議讓
祂兒子及未來死去的信眾，在轉世前變
為老鼠陪伴祂。

我們參觀前被告誡不要大驚小怪，千萬
不要踏到任何老鼠，踏死一隻要賠償同
樣大小的黃金製老鼠。同時進廟要光著
腳，所以我們都小心翼翼進廟，果然
有很多老鼠跑來跑去，有的吃著供奉的
囊餅、喝著牛奶或酸奶，地上都是老鼠
屎及食物碎屑，很多洋人怕髒，坐在一
旁台階觀看。我們隨信眾到廟裡轉了一
圈，有信徒拿著食物一面餵食，一面自
己吃，據說吃老鼠吃過的食物是一種
「確幸（High Honor）」。

1	
2	3

〔 1 〕坐在一旁台階觀看的洋人。
〔 2 〕吃老鼠吃過的食物是一種確幸。
〔 3 〕老鼠喝著牛奶。

信徒盛裝前來膜拜。

〔 1,2,3 〕
銀製大門有很多老鼠圖像。

信徒認為老鼠是他們已逝的親友，沒有什麼好怕，據說有一年一個地方發生鼠疫，政府想消滅所有老鼠，包括這廟中的老鼠，結果信眾誓死反對而作罷。廟裡老鼠過得舒服生活，不會跑到別的地方，外面的老鼠好像也進不來，我看有些老鼠營養太好，行動遲緩，如有病死的，怎麼處理，沒再深問。

這座廟是蒙兀兒式建築，裡面白色大理石雕刻仿照泰姬瑪哈，非常細緻漂亮，銀製大門有很多圖像，當然也有老鼠。

拉賈斯坦邦塔爾砂漠邊緣的奇倩村是著名的「鶴居村」。

印度是簑羽鶴的主要渡冬地（左）。

簑羽鶴是體型最小的鶴，羽毛淺藍帶紫，頸部有黑色羽毛下垂至胸前，眼部後側有兩簇白色羽毛，眼睛是紅寶石色，數量很多，散布東歐及中亞地區，冬季到非洲或南亞，印度是主要的渡冬地。牠們到印度是飛越七、八千公尺的喜馬拉雅山脈，所以是神奇的鳥類。但要看到牠，也不是那麼容易，我四次到古吉拉特的小鹽鹼地，只有一次看到，但在奇倩村（Khicham Village）一定看得到，而且是成千上萬，是個奇觀。

奇倩村位於拉賈斯坦邦卓德浦境內，在塔爾砂漠邊緣的偏僻小村落，這地方原本默默無聞，卻因一位名叫「蘭塔拉馬魯（Ratanla Maloo）」農夫的努力，變成著名的「鶴居村」，被世界鶴類基金會（World Crane Foundation）列為「鳥界的世界遺產」。

奇倩村是全世界最大的簑羽鶴聚集。

40 多年前，馬魯先生被他的叔叔從印度東部的奧里薩叫回來幫忙照顧 100 歲的老祖母。回來後，叔叔也交代他繼續餵食麻雀、鴿子，馬魯夫婦遵從叔叔指示繼續餵食，起初有麻雀、鴿子，偶有孔雀前來，到了 9 月，突然看到幾隻淺藍色的大鳥飛來吃食，他從來沒看過，經過請教才知道是簑羽鶴。起初只有幾隻，後來增加到 80 隻，次年 3 月某一天，突然消失了，他等到 9 月，簑羽鶴回來了，這次增加到 150 隻，如此這般，逐年增加，40 年後的今日，數量高達 15,000 隻，是全世界最大的簑羽鶴聚集。

馬魯先生為了避免野狗危害，向村長要了一塊大約籃球場大小的場地，與其他村民合力建造圍牆，旁邊蓋了一座飼料倉庫，作為簑羽鶴的餵食場（Feeding Ground）。到了每年冬季每天餵食，飼料由每天幾公斤，增加到 12,000 公斤，龐大的花費，除了全體村民外，鄰村居民、商人、

空中飛翔著大群簑羽鶴。

其他地方的人士都慷慨贊助，前來參觀的遊客也紛紛解囊，馬魯始終主持一切，
也獲得很多的表揚。

我們前往奇倩村，遠遠就看到空中飛翔著大群簑羽鶴，抵達後下車，慢步靠近
餵食場，數百隻簑羽鶴察覺到陌生人，開始驚慌紛紛飛起，一下子滿天都是，
飛到附近的沙丘及草地休息，過一陣子，看到沒有狀況，又陸陸續續飛回來。
馬魯說簑羽鶴習慣看到村民，但陌生人一來，就會飛走。

當地人把簑羽鶴看作逝去的親友回家探
望，增加神祕色彩。

奇倩村變得那麼有名，但整個村落仍保持原貌，沒有旅館、餐廳或販賣紀念品
的商店，沒有小孩子前來要糖果。有說餵食可以避免簑羽鶴到其他麥田踐踏作
物，更有一說，當地人把簑羽鶴的到來，看作逝去的親友回家探望，為簑羽鶴
增加一層神秘色彩。

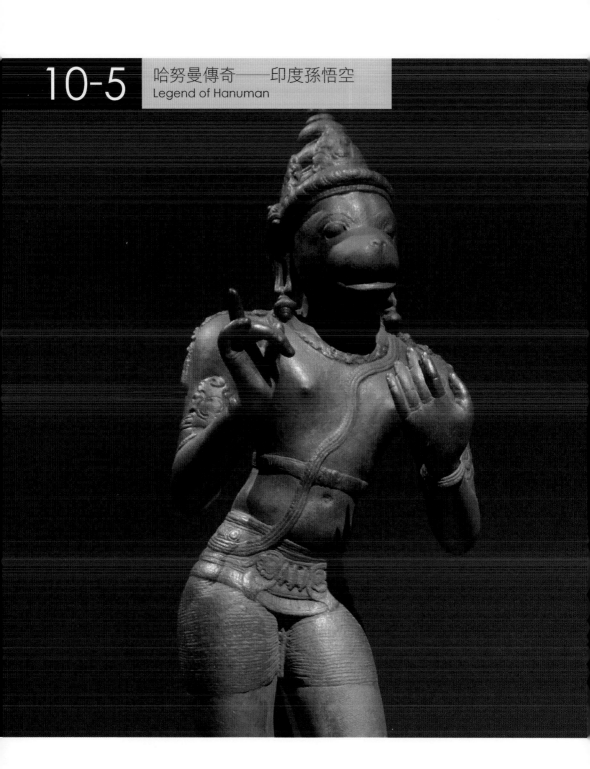

各種猴神哈努曼造型。

印度有兩部史詩傳頌二千年以上，歷久不衰：一部是「摩訶波羅多（Mahabharata）」，長 18 卷、10 萬頌、20 萬行，是世界最長的詩篇。內容有關波羅多子孫間的鬥爭，故事曲折，還包括許多哲理。最著名的是「博伽梵歌（Bhagavad-gita）」，被稱為「人類史上最偉大的宗教和哲學對話之一」。另一部是「羅摩衍那（Ramayana）」，計 7 卷、500 章、24,000 頌、48,000 行，是關於羅摩（Rama）王子與妻子悉妲（Sihda）的故事。

羅摩智勇雙全，悉妲美貌非凡，祂們夫婦被父王放逐叢林時，悉妲被愣伽魔王拉摩那（Ravana）搶走，羅摩獲得猴神哈努曼（Hanuman）的協助，歷經奮戰，終於救回悉妲。

哈努曼神通廣大，可以變大變小，飛來飛去，可以把一座大山托在手裡，來回供猴醫採藥草救人。西遊記裡的孫悟空是中國版的哈努曼，兩者非常相似。羅摩衍那的故事在東南亞也廣為盛行，編演戲劇很受歡迎。

哈努曼探尋悉妲時，曾大鬧拉摩那王宮，還放火燒毀王宮，把自己的臉跟雙手燻黑了。有一種長尾葉猴，黑臉黑手，被視為哈努曼的族群後代，故稱為「哈努曼葉猴（Hanuman Langur）」，在印度隨處可見，印度人也保護牠們。這是神話故事產生的另一種生態保護類型。哈努曼在羅摩神殿中常同時出現，羅摩被視為大神毗濕奴的化身之一，哈努曼是祂的隨扈，在東部若干地區單獨奉為守護神。

哈努曼葉猴黑臉黑手，被視為哈努曼的族群後代。

1	2	3
4		

〔1,2,3〕各種毗濕奴造型。

〔4〕 毗濕奴共有 10 個
化身。

前面提到羅摩是毗濕奴化身之一，毗濕奴共有 10 個化身，根據不同的狀況，祂透過化身拯救宇宙萬物。祂的化身可以為動物，也可以為人，印度教把佛祖列為祂的第 9 個化身，藉此吸收很多佛教信徒。

單就動物化身部分，祂的第一個化身是靈魚摩羯（Matsya），祂是大洪水時救回人類始祖摩奴，並從馬首魔王處奪回「吠陀經」，這些經文是梵天創造世界的依據。

225

第二個化身是神龜鳩摩羯（Kurma），當眾神與眾魔決定攪乳海取得不死甘露，祂用背撐起用一座山做成的攪拌棒，攪出甘露，神魔雙方爭奪，最後毗濕奴協助眾神取得，維護眾神的地位。雙方用的繩子是大蛇（Naga），曼谷國際機場出境大廳有一組雕塑，就是攪乳海的故事。

第三個化身是豬神婆羅訶（Varaha），在深海中從金髮魔王裡救出大地女神；第四個化身是人獅（Narasimha），祂的故事很好玩，有一次梵天答應給一個魔王不死之身，無論神魔、人獸，在白天或黑夜，用任何武器都傷祂不得，魔王因此作惡多端，眾神非常害怕，求助於毗濕奴。於是祂變成非人非獅的人獅，在既非白天也非黑夜的清晨，用手殺死魔王。

〔１〕第二個化身是神龜鳩摩羯。
〔２〕第一個化身是靈魚摩羯。
〔３〕第三個化身是豬神婆羅訶。
〔４〕曼谷機場內的雕塑訴說著攪乳海的故事。
〔５〕第四個化身是人獅。

大黑天奎師那受到
牧羊女的愛慕。

1	2	5
3	4	6

〔1〕矮身羅摩是第五個化身。
〔2〕人獅是第四個化身。
〔3〕大黑天奎師那與祂的愛侶拉達畫像。
〔4〕卡爾基白馬是第十個化身。
〔5〕大黑天奎師那與祂的愛侶拉達雕像。
〔6〕吹笛子的是第八個化身大黑天奎師那。

第五個到第九個化身都是人，分別是：矮身羅摩（Trivikrama）、持斧羅摩（Parashurama）、羅摩、大黑天（Krishna）及佛祖，第十個化身是卡爾基白馬（Kalki），代表新時代的來臨。

魚神、龜神大都是原型（有時也有人身），豬神、獅神是豬、獅頭人身，其後的化身是完整人身，直到白馬。這系列也隱含生物的演化歷程，無論人、獸，都是毗濕奴的化身，沒有高下優劣的差別。所以，人可以變成野獸，野獸也可以成為人，印度人可以把動物看作是去世的親友轉生，也不足為奇了。印度神廟有很多毗濕奴化身故事雕刻，古樸細致，非常精采。

毗濕奴的眾多化身中，最受歡迎的是大黑天——奎師那（Krishna），皮膚天生藍黑色，兒童時期就很調皮，長大後很會吹笛子，受到眾多牧羊女的愛慕與崇拜，其中最漂亮的叫拉妲（Radha）成為祂的愛侶，兩人的愛情故事是印度傳統繪畫中精彩的題材，當然大黑天也同具絕大的神通，但祂人性化的一面跟一般人很接近。

感謝的話 ▰▰▰▰▰▰▰▰▰

本書是我前往印度旅行 22 次，有關印度的國家公園、保護區、濕地、鹽沼、沙漠等野生動物的考察成果，足跡大致遍及整個印度大陸，指標的物種也大致涵蓋。但是，印度物種繁多，仍有許多地方難以到達，我這種「旅遊式」的考察，只能如實陳述我的所見我聞，缺乏學術性的分析及研究，所以稱之為「看見」，目的之一是要與讀者分享我所看見的。

在印度看野生動物比起很多地方是相對容易，是因為印度的物種繁多，人民跟動物的關係融洽，政府也努力予以保護的結果。當然印度人口持續增加，動物棲地壓縮，加上氣候變遷，未來如何，很難預料，所以本書也許可以當作一種紀錄、是一種見證。

本書的出版首先要感謝老長官——許資政水德慨然為我寫推薦序，也藉此感謝他多年的栽培與愛護。其次要感謝為我安排所有印度旅行的富都旅行社蔣得之小姐及印度當地嚮導蘇明先生，他們專業安排與說明，讓我順利進行所有的行程。再來要感謝廖美莉小姐幫忙打字、校對、處理編輯事宜，曹正教授、魏麗莉小姐兩位的鼓勵敦促並推薦出版社讓本書得以出版，當然更要感謝秀威資訊徐佑驊小姐、辛秉學先生編輯群為求完美往來溝通、校稿、修改，還有多位好友林益厚、劉輝堂、莊明景、張長義、丁致成、郭瓊瑩等的鼓勵，若干次的旅程中，有益厚、長義與輝堂諸兄同行。最後我還要感謝我的內子——賴吉思，她支助並容忍我長期在外旅行。

張隆盛

釀旅人36　PE0129

 看見野性印度

作　　者	張隆盛
責任編輯	辛秉學、徐佑驊
圖文排版	王嵩賀
封面設計	王嵩賀

出版策劃	釀出版
製作發行	秀威資訊科技股份有限公司
	114 台北市內湖區瑞光路76巷65號1樓
	電話：+886-2-2796-3638　傳真：+886-2-2796-1377
	服務信箱：service@showwe.com.tw
	http://www.showwe.com.tw
郵政劃撥	19563868　戶名：秀威資訊科技股份有限公司
展售門市	國家書店【松江門市】
	104 台北市中山區松江路209號1樓
	電話：+886-2-2518-0207　傳真：+886-2-2518-0778
網路訂購	秀威網路書店：http://www.bodbooks.com.tw
	國家網路書店：http://www.govbooks.com.tw
法律顧問	毛國樑　律師
總 經 銷	聯合發行股份有限公司
	231新北市新店區寶橋路235巷6弄6號4F
	電話：+886-2-2917-8022　傳真：+886-2-2915-6275

出版日期	2018年7月　BOD一版
定　　價	450元

Printed in Taiwan

國家圖書館出版品預行編目(CIP)資料

看見野性印度 / 張隆盛 著. -- 一版. --　臺北市：
釀出版, 2018.07
　　面；　公分.
　BOD版
　ISBN　978-986-445-248-4(平裝)

737.19　　　　　　　　　　　　　　　107001978

讀 者 回 函 卡

感謝您購買本書，為提升服務品質，請填妥以下資料，將讀者回函卡直接寄回或傳真本公司，收到您的寶貴意見後，我們會收藏記錄及檢討，謝謝！
如您需要了解本公司最新出版書目、購書優惠或企劃活動，歡迎您上網查詢或下載相關資料：http:// www.showwe.com.tw

您購買的書名：＿＿＿＿＿＿＿＿＿＿＿＿＿＿＿＿＿＿＿＿＿＿＿

出生日期：＿＿＿＿＿年＿＿＿＿＿月＿＿＿＿＿日

學歷：□高中 (含) 以下　　□大專　　□研究所 (含) 以上

職業：□製造業　□金融業　□資訊業　□軍警　□傳播業　□自由業
　　　□服務業　□公務員　□教職　　□學生　□家管　　□其它＿＿＿

購書地點：□網路書店　□實體書店　□書展　□郵購　□贈閱　□其他

您從何得知本書的消息？

　　□網路書店　□實體書店　□網路搜尋　□電子報　□書訊　□雜誌

　　□傳播媒體　□親友推薦　□網站推薦　□部落格　□其他＿＿＿＿＿＿

您對本書的評價：（請填代號　1.非常滿意　2.滿意　3.尚可　4.再改進）

　　封面設計＿＿＿　版面編排＿＿＿　內容＿＿＿　文／譯筆＿＿＿　價格＿＿＿

讀完書後您覺得：

　　□很有收穫　□有收穫　□收穫不多　□沒收穫

對我們的建議：＿＿＿＿＿＿＿＿＿＿＿＿＿＿＿＿＿＿＿＿＿＿＿

＿＿＿＿＿＿＿＿＿＿＿＿＿＿＿＿＿＿＿＿＿＿＿＿＿＿＿＿＿＿＿

＿＿＿＿＿＿＿＿＿＿＿＿＿＿＿＿＿＿＿＿＿＿＿＿＿＿＿＿＿＿＿

＿＿＿＿＿＿＿＿＿＿＿＿＿＿＿＿＿＿＿＿＿＿＿＿＿＿＿＿＿＿＿

11466
台北市內湖區瑞光路 76 巷 65 號 1 樓

秀威資訊科技股份有限公司 　　　收

BOD 數位出版事業部

....

（請沿線對折寄回，謝謝！）

姓　　名：＿＿＿＿＿＿＿＿＿　年齡：＿＿＿＿　性別：□女　□男

郵遞區號：□□□□□

地　　址：＿＿＿＿＿＿＿＿＿＿＿＿＿＿＿＿＿＿＿＿＿＿

聯絡電話：(日)＿＿＿＿＿＿＿＿＿＿＿(夜)＿＿＿＿＿＿＿＿＿＿

E-mail：＿＿＿＿＿＿＿＿＿＿＿＿＿＿＿＿＿＿＿＿＿＿＿